本书获厦门理工学院学术专著出版基金资助

我国专业学位研究生培养模式的系统结构研究

廖文婕 著

厦门大学出版社 国家一级出版社
XIAMEN UNIVERSITY PRESS 全国百佳图书出版单位

图书在版编目(CIP)数据

我国专业学位研究生培养模式的系统结构研究/廖文婕著. —厦门:厦门大学出版社,2013.10
ISBN 978-7-5615-4743-4

Ⅰ.①我… Ⅱ.①廖… Ⅲ.①研究生教育－培养模式－研究－中国 Ⅳ.①G643

中国版本图书馆 CIP 数据核字(2013)第 198276 号

厦门大学出版社出版发行

(地址:厦门市软件园二期望海路 39 号 邮编:361008)

http://www.xmupress.com

xmup @ xmupress.com

厦门市明亮彩印有限公司印刷

2013 年 10 月第 1 版 2013 年 10 月第 1 次印刷

开本:889×1194 1/32 印张:8.5 插页:2

字数:250 千字

定价:20.00 元

本书如有印装质量问题请直接寄承印厂调换

摘　　要

随着科学技术的不断发展以及全球化的不断深入，以科技和人才为核心的国际竞争日趋激烈。研究生教育担负着培养高层次创新型人才、发展科学技术文化的重任，在现代化建设的进程中起着极为重要的作用。专业学位研究生教育以培养高层次、应用型人才为目标，是我国研究生教育体系中的一个重要类别，也是满足社会对于实践型人才需求的一个重要手段。然而我国现有的专业学位培养模式却存在着诸如教育规模偏小，优秀教材与案例比较缺乏，师资总体水平有待提高，专业学位与职业或岗位任职资格之间的衔接不够紧密，质量保证措施尚需完善等问题。我国学术界对这些问题展开了诸多讨论，取得了丰硕的成果。但总体说来，这些研究基本集中在"问题—对策"以及"经验—借鉴"的层面上，未能站在系统的视角和高度来考察我国专业学位研究生的培养模式问题。另外，当前学术界对于研究生"培养模式"所包含要素的观点也很不一致。因此，从系统的角度研究我国专业学位研究生培养模式的结构问题，不管从理论上还是实践上都是一个前沿而富有意义的课题。

本书结合前人最新的研究成果以及国内、国外关于专业学位研究生培养的实践经验来探讨我国专业学位研究生培养模式的问题,力图为我国专业学位教育的研究提供一个新的视角和思路。本书采用定量研究与定性研究相结合的方式,根据研究问题的需要综合运用了多种研究方法。具体来说,首先应用内容分析的方法对我国专业学位研究生培养模式所包含的系统要素进行了比较科学和客观的划分,在此基础之上,以收集的国内外的案例和各种数据的统计结果作为论据,结合文献分析的方法,对这些要素及其所构成的子系统的内涵、结构与发展现状进行了研究。之后,结合系统动力学的因果反馈回路分析方法以及建模和仿真方法,对我国专业学位研究生培养模式的系统结构进行了分析,建立了系统动力学模型并对系统结构的运行模式进行了模拟,比较了四个管理策略对系统运行的影响。在此基础之上运用自组织理论的相关原理分析了我国专业学位研究生培养模式系统结构的运行机制与功能。本书的主要创新在于:

第一,从系统理论的视角研究我国专业学位研究生培养模式的系统结构,建立了我国专业学位研究生培养模式的系统结构模型,并对系统结构的运行模式进行了仿真。一方面将系统科学的理论和方法在高等教育研究领域尤其是学位与研究生教育研究领域加以应用,拓展了系统科学的应用范围;另一方面也是我国高等教育的研究在视角和方法层面的新的探索和尝试,提供了可资借鉴的新思路。

第二,首次提出我国专业学位研究生培养模式具有目标、管理、师资、课程、教学、学科、质量、资源和文化九个系统要素。运用内容分析的方法对我国专业学位研究生培养模式的系统要素及其下一级要素进行了划分与归纳。基于这样的划分,为专业学位研究生培养模式下了定义:在专业学位研究生培养情境之中,目标、管理、师资、课程、教学、学科、质量、资源和文化九个要素按照一定的方式组合,并遵循一定的运行规律,培养高层次、应用型专业人才的模型与范式。要素的划分工作解决了当前学界对于"培养模式"要素划分的观点各不相同且依据不足的现象,为本书接下来的模型研究奠定了基础,所划分的两级要素体系也可在将来的研究中发展作为指标体系使用。

第三,建立了我国专业学位研究生培养模式系统结构的系统动力学模型,对系统结构的运行进行了模拟,并比较了不同管理策略下的系统运行结果。研究发现:目标水平、管理力度、质量监控力度、培养水平和内部支撑条件五个变量可以构成一个增强回路,由于触发机制的不同,增强回路可能使系统迅速增长,也可能使系统迅速衰退;此外,具有成长上限约束的我国专业学位研究生培养模式受到增强回路和调节回路的双重作用,其发展呈现 S 形的增长模式;要使我国专业学位研究生培养模式获得持续稳定的发展,关键是在系统增长出现停滞现象之前找到并移除限制因素;我国专业学位研究生培养模式系统具有动态复杂性,各个要素和子系统之间是相互联系、相互制约的关系,管理政策的微小变动可能对培养质量有重大影响。

总的来说,本书总结了当前国内外关于专业学位教育以及培养模式的研究成果,在此基础之上运用系统理论对我国专业学位研究生培养模式的结构进行了分析,得到了有意义的发现,并且有针对性地提出了发展策略,旨在为相关的管理者提供理论支持和决策建议。

关键词:专业学位;培养模式;系统结构

Abstract

With the rapid growth of science and technology and the deepening of globalization, the international competition with a core of science and talents is going more and more intense. The graduate education, which has a function of educating advanced innovative talents, developing science and culture and promoting the modernization drive, plays a very important role in this procedure. As an important part of Chinese graduate education, the graduate education of professional degrees takes the education of advanced applied talents as its goal and sets up to satisfy the needs of the society in providing practiced manpower. However, there still exist problems in Chinese cultivation mode of the graduate education of professional degrees. The education scale is too small. Fine teaching materials and teaching cases are lacked. The quality of teaching staff still needs improvement. Professional degrees are not required in job qualifications. The quality assurance system still needs improvement. Chinese Scholars have done much research work on these problems and have got a lot of achievements. But in general, their work mainly focuses on the problem — strategy and experience using level. Few of them can study the cultivation mode of professional degree graduates of our country in a system theory perspective. Moreover, scholars have different ideas about the elements of the cultivation mode of graduates. Thus it will be a leading and meaningful topic both theoretically and practically to do research on the structure of the cultivation mode of Chinese professional degree graduates in a system theory perspective.

With the hope to provide a new perspective and thought, this dissertation jointed the latest research with the experiences on the cultivation of professional degree graduates both aboard and in China and attempted to explore the cultivation mode of professional degree graduates. Methods of quantitative and qualitative were combined and several methods were exerted in this research according to the needs of specific question. Concretely, first we used content analysis method to categorize the elements included in the cultivation mode system of Chinese professional degree graduates scientifically and objectively. Then, taking the cases and results we collected as hereunder, we studied the connotation, structure and current situation of these elements and the sub — systems consisted of these elements, integrating with content analysis method. Afterward, we bonded methods of causal feedback loop in System Dynamic, modeling and simulation to analyze the structure of the system of the cultivation mode of Chinese professional degree graduates, building the

System Dynamic model, carrying out the simulation on the operation mode of system structure and comparing four strategies and their effects on the system. Based on what have been done above, we applied the self-organizing theory to construe the operation mechanism and function of the system structure of the cultivation mode of Chinese professional degree graduates system. The main innovation of this dissertation includes three points.

Firstly, this dissertation analyzed the system structure of the cultivation mode of Chinese professional degree graduates in a system theory perspective, built a model of it and then carried out the simulations. On one hand, this dissertation used the theory and methodology of system science in the higher education research field, especially in the graduate education field and broadened the applied range of system science. On the other hand, this dissertation brings up a useful thought and is a brand-new exploration and attempt for the higher education research in our country both in viewpoint and methodology level.

Secondly, this dissertation determined ten elements of the cultivation mode of Chinese professional degree graduates. This dissertation divided and concluded the elements and sub—elements of the cultivation mode system of Chinese professional degree graduates by the method of content analysis. Thus it defined the cultivation mode of professional degree graduates as a model and pattern which combined the elements of target, management, staff, curriculum, teaching and learning, discipline, integration of production, teaching and research, quality, resource and culture in the complex of cultivation of professional degree graduates. It follows some operation rules and aims at the cultivation of achieved applied talents. The determination of these elements solved the problem that different scholars have different viewpoints about the elements and most of their work lacked of basis and laid a foundation for the model research hereunder. The double-level element system can also be used as an indicator system in future work.

Thirdly, this dissertation built a System Dynamic model for the system structure of the cultivation mode of Chinese professional degree graduates, carried out simulations for the operation of the system structure and compared the results of different strategies. These findings are carried out. Five variables of target level, management intensity, quality assurance intensity, cultivation level and internal supporting condition can construct a positive feedback loop. Due to the difference of a trigger mechanism, the positive feedback loop may spur the system to increase swiftly or to decline as well. The cultivation mode system of Chinese professional degree graduates with a limit to growth is influenced by double function of both positive feedback loop and negative feedback loop and it has an increasing S-shaped curve. To get a sustainable and stable development of the cultivation mode system of Chinese professional degree graduates, it is a key point to find and remove the limiting factor before the increasing of system becomes stagnant. The cultivation mode of Chinese professional degree graduates is a complex dynamic system. Its elements and subsystems connect each other and restrict each other. Even a tiny alternation may have great influence on the quality of cultivation.

In sum, this dissertation summarized the previous and current research on the professional degree education and cultivation mode. On this basis, it also analyzed the structure of the cultivation mode of Chinese professional degree graduates employing system theory. From all that have been done, we got much meaningful findings and put forth the development policy contrapuntally, and therefore the relevant governor could get some academic support and advice for decision-making.

Key words: Professional Degree; cultivation mode; system structure

目　录

第一章　绪论 … 1
1.1　研究背景 … 1
1.2　问题提出 … 4
1.3　研究目的和意义 … 8
1.4　相关文献综述 … 10
1.4.1　专业学位教育研究的兴起和现状 … 10
1.4.2　传统教育学研究中的培养模式 … 25
1.4.3　人才培养模式的系统观 … 38
1.5　主要概念界定 … 41
1.5.1　模式 … 41
1.5.2　培养模式 … 43
1.5.3　专业学位研究生的培养模式 … 48
1.6　研究内容、研究方法与研究流程 … 50
1.6.1　研究内容 … 50
1.6.2　研究方法 … 51
1.6.3　研究流程 … 52
1.7　主要创新点 … 53

第二章 我国专业学位研究生培养模式研究的理论基础 … 56
2.1 系统科学理论基础 … 56
2.1.1 要素与系统 … 56
2.1.2 系统结构 … 58
2.2 系统动力学理论基础 … 60
2.2.1 系统动力学的基本原理 … 60
2.2.2 系统动力学的建模方法 … 64
2.2.3 系统动力学在高等教育研究领域的应用 … 66
2.3 自组织理论概述 … 67
2.3.1 自组织理论的基本原理 … 67
2.3.2 自组织理论在高等教育研究领域的应用 … 69
2.4 模式研究方法和研究生教育模式论 … 70
2.4.1 教育学研究中的模式研究方法 … 70
2.4.2 研究生教育模式论 … 72
2.5 专业学位研究生教育的研究进展 … 73
2.5.1 专业学位研究生教育的内质性问题 … 73
2.5.2 专业学位研究生教育的发展问题 … 74
2.6 本章小结 … 76

第三章 我国专业学位研究生培养模式的系统分析 … 77
3.1 系统边界的确定 … 77
3.2 我国专业学位研究生培养模式的特征分析 … 78
3.2.1 专业学位研究生培养模式的本质特征 … 78
3.2.2 专业学位与学术型学位研究生培养模式的特征比较 … 83
3.2.3 我国与美国专业学位研究生培养模式的特征比较 … 85

3.2.4 全日制与非全日制专业学位研究生
培养模式的特征比较 …………………… 87
3.3 系统要素的选取 ……………………………………… 89
3.3.1 现有研究对于培养模式系统要素的分析 ……… 89
3.3.2 运用内容分析法确定我国专业学位研究生
培养模式的系统要素 …………………………… 93
3.4 子系统研究 …………………………………………… 108
3.4.1 我国专业学位研究生培养
模式的子系统划分 ……………………………… 108
3.4.2 目标系统 ………………………………………… 110
3.4.3 管理系统 ………………………………………… 115
3.4.4 培养系统 ………………………………………… 117
3.4.5 质量保障系统 …………………………………… 131
3.4.6 支撑系统 ………………………………………… 135
3.5 本章小结 ……………………………………………… 141

第四章 我国专业学位研究生培养模式的动态行为模式研究 …………………………… 142

4.1 系统动力学的结构描述方法 ………………………… 142
4.1.1 要素间的连接方式 ……………………………… 142
4.1.2 反馈回路 ………………………………………… 143
4.1.3 存量与流量 ……………………………………… 144
4.2 因果反馈分析 ………………………………………… 145
4.2.1 单纯增强回路分析 ……………………………… 145
4.2.2 成长上限回路分析 ……………………………… 147
4.3 我国专业学位研究生培养模式系统结构的
动态运行模型 ………………………………………… 151

4.4 我国专业学位研究生培养模式系统的动态
　　　运行模拟 ……………………………………… 155
　　4.4.1 基于单纯增强回路的系统动态运行模式 …… 155
　　4.4.2 基于成长上限回路的系统动态运行模式 …… 158
4.5 本章小结 ……………………………………… 162

第五章　我国专业学位研究生培养模式的系统结构模型及仿真分析 ……………………………… 164

5.1 我国专业学位研究生培养模式系统结构的
　　因果反馈分析 ………………………………… 164
　　5.1.1 系统动力学的因果反馈分析方法 ………… 164
　　5.1.2 我国专业学位研究生培养模式各子系统的
　　　　　因果反馈分析 ………………………………… 166
5.2 我国专业学位研究生培养模式的系统结构
　　模型 …………………………………………… 172
　　5.2.1 模型基本结构 ……………………………… 172
　　5.2.2 目标模块 …………………………………… 174
　　5.2.3 管理模块 …………………………………… 175
　　5.2.4 培养模块 …………………………………… 176
　　5.2.5 质量保障模块 ……………………………… 177
　　5.2.6 支撑模块 …………………………………… 178
　　5.2.7 模型构建 …………………………………… 179
5.3 模型的模拟与仿真 …………………………… 181
　　5.3.1 基本运行 …………………………………… 182
　　5.3.2 提高目标水平的作用测试 ………………… 183
　　5.3.3 加强师资力量的作用测试 ………………… 184
　　5.3.4 提升教学水平的作用测试 ………………… 185

  5.3.5 提高质量保障水平的作用测试 …………… 186
 5.4 本章小结 ………………………………………… 187

第六章 我国专业学位研究生培养模式的运行机制与功能分析 ………………………………………… 188
 6.1 我国专业学位研究生培养模式的运行机制分析 ………………………………………………… 188
  6.1.1 自组织理论对本研究的理论适切性 ……… 188
  6.1.2 自组织机制和他组织机制 ………………… 194
  6.1.3 竞争机制和协同机制 ……………………… 198
 6.2 我国专业学位研究生培养模式的功能分析 …… 202
  6.2.1 人才培养功能 ……………………………… 202
  6.2.2 科学研究功能 ……………………………… 204
  6.2.3 社会服务功能 ……………………………… 205
  6.2.4 引领未来的功能 …………………………… 208
 6.3 本章小结 ………………………………………… 210

第七章 我国专业学位研究生培养模式系统结构研究的应用 ………………………………………… 211
 7.1 基于系统多要素性的发展策略 ………………… 211
 7.2 基于成长上限系统 S 形动态运行模式的发展策略 ……………………………………………… 213
 7.3 基于系统具有政策灵敏性特点的发展策略 …… 216
 7.4 本章小结 ………………………………………… 218

结论 ……………………………………………………… 219
附录一 …………………………………………………… 223

附录二 ………………………………………………… 225
附录三 ………………………………………………… 228
参考文献 ……………………………………………… 232
致谢 …………………………………………………… 257

第一章

绪　　论

1.1　研究背景

随着经济和科技全球化的不断深入,以科技和人才的竞争为核心的国际竞争日趋激烈。任何一个国家要想要在这样的竞争中取胜,仅靠伯乐相马式的"发现"少数精英人才的机制已经远远不够,更重要的是发展培养优秀人才的教育体制,尤其是建立起一个发达的培养高层次人才的研究生教育体系,才可能建立起可持续发展的人才库,为我国的现代化建设源源不断地输送人才。

研究生教育作为人才培养的最高层次,一直担负着培养高层次、高素质创造性人才的重任。改革开放以来,我国的研究生教育发展迅速。1980年全国人大常委会通过了《中华人民共和国学位条例》,1981年国务院批准并颁布了《中华人民共和国学位条例暂行实施办法》,确立了我国学位制度的基础。此后国家通过颁布学科专业目录、设置研究生院、成立省级学位委员会以及优秀博士论文评选等手段不断完善我国学位与研究生教育的层次与水平,逐步规范了我国学位与研究生教育的管理与运行机制,使得我国的研究生教育进入了一个持续、稳定、快速和健康发展的时期。2008年全国招收研究生约44.6万人,毕业研究生约34.4万人,在校研究生总数达到了128.3万人,我国研究生教育的规模已跻身世界前列。[1]《国家中长期教育改革和发展规划纲要(2010—2020年)》中更是明确提出到2015年全国在校研究生数达到170万人,到2020年达到200万人的发展目标。

然而,随着我国经济和社会的不断发展,各行各业对于人才的要求也在不断提高。原有的单一学术型学位培养模式已经不适应行业对于高层次应用型人才的要求。另外,随着我国高等教育的发展尤其是研究生教育的突飞猛进,原有的对于教学科研人才的需求已经相对得到满足,我国的研究生教育体系已经具备了开办专业学位教育的条件。我国每年有大量的本科生、研究生进入职业领域,技术的进步和激烈的职场竞争使得这些人也有了进一步学习以提升理论和实践水平的要求。种种迹象表明,我国的专业学位教育已经呼之欲出了。1984年,清华大学等11所理工科大学向教育部提交了一份《关于培养工程类型硕士生的建议》,次月教育部转发,并正式部署在一定范围内培养工程类型硕士生的试点工作。1986年10月,国务院学位委员会、国家教育委员会和卫生部下达《培养医学博士(临床医学)研究生的试行办法》,1988年10月,国务院学位委员会第八次会议决定,在医科着手研究职业学位,这是我国首次提出职业学位的概念。1990年10月,国务院学位委员会第九次会议通过《关于设置和试办工商管理硕士学位的几点意见》,1991年,我国开始试办工商管理硕士(MBA)专业学位,也是我国设置的第一个专业学位。

经过20余年的研究与发展,我国目前已形成了以在国务院学位委员会与专业部门共同指导下设立的专业学位教育指导委员会为主管部门和评估机构的专业学位教育制度,共有学士、硕士、博士三个教育层次,以硕士教育为主。20多年来,专业学位的类型不断增加,规模不断增大,管理机制不断完善,初步建立了具有中国特色的专业学位教育制度。截至2010年,硕士层次专业学位有金融硕士等39种,博士层次专业学位有口腔医学等5种,学士层次专业学位有建筑学1种。2006年,我国各类专业学位已累计招生61万人,具有专业学位授予权的院校已达到402所。[3] 2010年,专业学位培养单位共有509家,其中普通高校495家,截至2008/2009学年我国累计授予硕士专业学位约48.97万人,授予博士专业学位约0.7万人。[254] 20多年来,社会对专业学位教育的了解与认可程度也不断提升。大量获得专业学位的高层次应用型人才走向社会,成为各行各业的骨干和精英,为经济和社会的发展作出了巨大的贡献,受到了用人单位的广泛欢迎。目前,我国正处在进入全面建设小康社会,实施现代化建设发展战略的关键时期,专业学位教育也迎来了一个发展的大好时机。大力发展专业学位教育不仅是适应我国经济和社会发展的需要,也是我国研究生教育结构改革的方向。这一点已经成为共识。

然而,由于我国专业学位教育起步晚、发展迟,在许多方面还存在着问题。国务院学位办2002年发布的《关于加强和改进专业学位教育工作的若干意见》中指出,当前我国专业学位教育出现的问题主要表现在:对专业学位教育重要性的认识有待进一步提高,专业学位教育规模偏小,优秀教材与案例比较缺乏,师资总体水平有待提高,专业学位与职业或岗位任职资格之间的衔接不够紧密,质量保证措施尚需完善等。[4] 2006年,另一项关于我国工程硕士的调查报告也显示:73%的培养机构负责人和71.8%的指导教师认为当前工程硕士总体质量一般,15.2%的培养机构负责人和16.9%的指导教师认为总体质量较高,而11.8%的机构负责人和7.8%的指导教师认为总体质量较低。[5]问题的存在为我们敲响了警钟,但也从另一个侧面说明了,专业学位研究生培养模式体系的建设不会是一个一帆风顺的过程,要如何结合我国的实际情况,探索具有中国特色的专业学位研究生培养模式体系,使我国的研究生教育在国际上处在一个比较领先的水平,是一个值得关注的课题。

1.2 问题提出

在这样的背景下,迫切需要思考我国专业学位研究生教育的去向问题,而要讨论去向问题,首先又需要对于现状有一个比较清晰的认识和一个比较正确的判断。传统的学术型学位研究生教育强调学科的系统性、理论性,其作用在于给受教育者提供一个完整的学科知识框架并培养其理论应用能力,在入学时以考察学生的学科知识基础为主,并不将实际工作的经历作为要求。而我国专业学位教育形式是基于当时社会对于高层次应用型人才的需求以及传统的学术型学位研究生实际应用能力普遍不足的情况产生的。由于专业学位教育培养的是高层次应用型人才,在入学条件、课程设置、师资队伍以及教学方式等多个方面都有不同于学术型学位教育的要求,对于实践的环节要求更高,所进行的研究工作也以应用研究为主。因此,要构建一个具有创新力与竞争力的专业学位研究生培养模式,不能将学术型学位教育的培养方案、培养模式简单地搬到专业学位教育上,而需要突出学术型学位和专业学位两种不同学位类型的特点,分别采用不同的培养模式。

从国际上看,在学位制度比较发达的国家中,专业学位教育的比重都比较大,种类也很丰富。到20世纪90年代,美国硕士专业学位获得者的比例已占整个硕士学位获得者人数的55%以上,2003年至2008年期间,英国每年授予的课程型研究生(Postgraduate taught)(专业学位)学位数占授予研究生学位总数的比重平均为75%左右。[6]从培养模式上看,英美国家的专业学位研究生培养模式有许多可资借鉴的地方,以美国为例,模块式的课程体系以及案例教学等教学方法在专业学位研究生教育尤其是医学、法律和工商管理方面的专业学位中被广泛应用,在质量保障上社会中介机构发挥了关键性的作用。对于美国某些行业来说,取得相关专业学位是进入行业的首要条件。要成为执业医师必须先拿到医学博士学位并通过医师执照考试,要成为律师一般也需要先取得法律博士学位并通过相关资格考试。这些都是专业学位教育非常宝贵的办学经验,正在或者将要在我国专业学位的培养模式中得到体现。可以说,我国专业学位研究生培养模式的许多内容都是从欧美发达国家专业学位研究生培养模式的经验中习得的。但是,我们也必须清醒地看到,英美国家的专业学位培养模式体系同样存在着一些问题。例如,由于专业硕士的命名主要由各校根据其需要来进行,造成当前美国专业硕士学位种类繁多,名称不一的情况,给统计工作带来一定麻烦;美国各校招生时采用独立招生的方式,造成报考者众多,审批人员往往需要花费大量时间和精力来整理和阅读申请材料,并且招生后学生报到率低,造成了资源的浪费。另外,由于国情的不同,我国也不可能照搬国外专业学位教育的培养模式。如何辩证地看待这些国外的经验,取其精华,为我所用,是当前探讨国外专业学位研究生培养模式的目的所在。

根据上文的分析可以看出,要构建我国专业学位研究生的培养模式体系,一方面要考虑和原有研究生教育体系的融合与区分问题,另一方面要理性地看待国外的经验。目前,有许多学者针对这一情况,展开了对专业学位教育的理论研究。有的学者对专业学位的内涵、性质、特点进行了探讨,认为专业学位是一种培养高层次、应用型人才的学位类型,具有职业性和研究性等特点。有的学者介绍了美国、英国、法国、德国和日本专业学位教育的发展情况和模式类型,并与我国的情况进行比较。有的学者对某一种类或者某一层次的专业学位进行研究,结合学科特点提出了发展策略。总的来说,关于专业学位的概念、性质、特点等,经过多年的探讨、宣传,在学界已经达成了一致,关于美国、英国等发达国家专业学位的培养模式问题,也已经有了大量的比较研究,积累了丰富的资料。当前研究的关键在于,如何充分认识我国专业学位研究生培养模式的现实情况,并吸取国际上的有益经验,建立符合我国当前研究生教育实际的、能够满足我国现代化建设对高层次、应用型专业人才需求的专业学位研究生培养模式。这就是本书探讨的问题。

问题一:专业学位研究生培养模式包含有哪些系统要素?这些要素的内涵如何界定?

当前国内的研究中,关于"大学培养模式"、"研究生培养模式"以及"人才培养模式"的论述比较多,而关于"专业学位研究生培养模式"的文献则比较鲜见,目前通过中国期刊网

(CNKI)只能找到同时以"专业学位"和"培养模式"为关键词的文献一篇,通过百度搜索引擎也只能找到2～3篇,这些文献基本上都是局限于对某校或某一专业培养经验的介绍。对"人才培养模式"或者"研究生培养模式"的研究较多,但单单是这些研究中所划分的培养模式所应包含的系统要素,就有近20种不同的观点。其中较普遍被接受的是胡玲琳(2004)[7]提出的"培养目标、入学形式、培养方式、质量评价"的分法,龚怡祖(1998)[8]"专业设置模式、课程体系状态、知识发展方式、教学计划模式、教学组织形式、非教学或跨教学培养形式、淘汰模式"的分法,以及被许多学位论文[9,10]采用的"培养目标、培养过程、培养质量(培养评价)"分法。可以看出,即使是比较普遍被接受的观点,也有很大的不同,划分维度也不一样。这样造成的结果是,同样是研究"培养模式",却是各说各话,各走各路,学界并没有一致的理解,也没有统一的规范。

因此,要探讨专业学位研究生的培养模式,对其要素的划分以及要素内涵的界定就是一个首要而关键的任务。正是基于这样的理念,本书将对专业学位研究生培养模式的系统要素进行划分和界定,并揭示这些要素的内涵与关系结构。

问题二:专业学位研究生培养模式的各个系统要素和子系统之间呈现一种什么样的结构?这样的系统结构遵循什么样的机制运行?使得系统呈现一种怎样的功能?

一般来说,系统的结构研究指的是将研究对象视为一个系统,并对其组成要素、框架结构、运行结构等方面进行研究的行为和过程。系统的结构决定其功能,通过对系统结构的分析,并建立相关模型,可以对系统的运行趋势作出预测,从而能够采取更好的管理策略,使得系统更充分地发挥其有益的功能。

当前学界对于"培养模式"的研究一般都局限在要素层次,鲜有系统地研究培养模式的结构和运行的文献。而要探究我国专业学位研究生的培养模式体系,并不断发展这一体系,显然不能脱离对其系统结构的分析。专业学位研究生培养模式具有怎样的系统结构,这一结构遵循什么样的机制运行,是本书要研究的第二个问题。

问题三:基于对这一系统的结构分析,应该采用什么样的策略才能促进系统有效地运行,最大化地发挥其应有的功能?

目前绝大多数关于专业学位教育发展策略的研究也都集中在"问题—对策"或者"经验—借鉴"的层面上。学者们通过研究其他国家专业学位教育的有益经验,结合我国现实情况,提出我国专业学位研究生教育的发展策略,或者是根据某培养单位和某种类型专业学位研究生培养的经验,提出相应的模式。本书基于对专业学位研究生培养模式系统结构的分析,试图提出我国专业学位研究生培养模式的发展策略。这是本书要解决的第三个问题。

1.3 研究目的和意义

基于以上的分析可以知道,我国的专业学位研究生教育在发展过程中出现了一些问题,出现这些问题的主要原因就在于当前我国专业学位研究生培养模式体系的内部结构或者运行机制有着不协调或者相互不适应的地方,导致系统未能实现其功能最大化。因此本书的研究目的定位于:首先,界定专业学位研究生培养模式的系统要素,作为下一步对系统结构研究的基础。其次，基于系统科学的理论和研究方法，对我国专业学位研究生培养模式的系统结构进行分析，并提出我国专业学位研究生培养模式的发展策略。

本书的研究意义可以从理论意义和实践意义两个方面来阐述：

理论意义：

● 提供了一个利用系统动力学理论和方法分析我国专业学位研究生的培养模式体系的新模式，一方面拓展了相关系统理论的应用范围，另一方面也为当前高等教育研究尤其是学位与研究生教育研究提供了新的视角和方法。

● 厘清了"培养模式"的概念，整理了前人对"培养模式"系统要素的观点，并运用内容分析法比较科学地对我国专业学位研究生培养模式的系统要素进行了划分。提出了我国专业学位研究生培养模式的系统要素体系，也可作为将来其他研究构建相关指标体系或者要素体系的基础。

● 构建了我国专业学位研究生培养模式的系统结构模型，分析了这一系统的动态运行模式，并提供了可帮助决策的仿真工具，丰富了我国专业学位教育研究和培养模式研究的理论体系。

实践意义：

● 揭示了我国专业学位研究生培养模式体系的系统结构及其运行规律，有利于我们在实践中迅速抓住问题的重点和关键，从而不断深化我国的专业学位研究生培养模式的改革，提高我国专业学位研究生培养的质量。

● 提出我国专业学位研究生培养模式的发展策略，有助于构建一个科学高效的专业学位研究生培养模式体系，从而促进我国研究生培养结构的变革。

1.4 相关文献综述

根据上一节的分析可以了解到,我国的专业学位教育正处在一个迅速发展的时期,由于这种学位类型具有重视所培养人才实践性的特点,因此其培养模式也极富特色。然而发展中却遇到了和原有的学术型学位教育培养模式的融合与区分问题,以及对国外专业学位人才培养经验的扬弃问题。专业学位教育是什么?它有什么特点和属性?它在发展中遇到了哪些问题,该如何应对?都是学者们研究的方向。除了大量研究"专业学位教育"的文献之外,研究中也发现,对于"研究生培养模式"的问题,学界同样有着诸多探讨,然而专门针对"专业学位研究生培养模式"的研究却非常鲜见。"培养模式"有着丰富的理论内涵,所阐明的是人才培养体系的要素、结构和机制问题,不论是对于"研究生教育"还是"专业学位教育"都是一个值得研究的方向。因此,本节主要从"专业学位教育"、"培养模式"以及"人才培养模式的系统观"三个方面对相关的理论和文献进行一个梳理和综述,同时对系统理论在相关研究中的应用作了介绍,并由此构建本书的理论基础。

1.4.1 专业学位教育研究的兴起和现状

1.4.1.1 专业学位教育研究的兴起

现代意义上的研究生教育形式以及学位制度均起源于欧洲,经过德、英、法等欧洲国家的相互借鉴与发展,以及美国对现代研究生教育以及学位制度的继承与创新,初步形成了现代国际社会主流的研究生教育模式以及学位授予制度。世界各国的具体国情以及对研究生教育和学位的认识不同,也使得研究生教育以及学位制度在不同的国家范围内呈现各自的特点。但不管如何不同,各个国家对于研究生教育是培养国家高层次人才的基本认识是相同的。因此,对于研究生的教育培养问题以及学位授予问题一直是各国研究者们十分关注的重点话题。

国际上关于研究生教育的研究主要有两种类型:一是对研究生教育的某一方面内容进行的分析。这些研究内容包括研究生教育教学手段(如网络教育在研究生教育中的应用[33]、远距离研究生教育中图书馆资源的使用[34]等等),导师指导(如双导师合作培养问题[35]),教育绩效(如提升研究生教育效果[36]),课程设置(如学术课程比例问题[37])以及研究生教育国际化(如国际合作提升研究生教育质量[38])等等问题。二是对某一个国家、某一所学校或者某一个专业的研究生教育进行研究,包括案例分析与比较研究。例如Roseanne M Mirabella和Naomi Bailin Wish(2000)[39]就针对美国非盈利性管理者的研究生教育项目问题对美国多所大学和学院的工商管理、公共管理以及社会工作学科的研究生学位项目进行了分析和比较。Robert L. Heneman(1999)[40]则以美国俄亥俄州立大学的劳动与人力资源硕士学位项目作为案例,分析了人力资源研究生教育所需要设立的新课程以及培养的学生能力。而Constantin(1994)[40]、Pauline Connolly(2006)[42]以及Bogdan Lipicnik(2007)[43]等分别就美国、爱尔兰以及斯洛文尼亚等国家的研究生教育作了专门研究。这些研究所涵盖的领域则包含了包括经济、管理、教育、医学、交通、工程等几乎所有的社会科学与自然科学领域。从研究方法的角度来看,文献研究、问卷调查、案例分析等都是国外学者常用的方法。

专业学位首先出现在美国,1910年哈佛大学首创了MBA(工商管理硕士)教育,相比我国1991年才开始试办MBA学位教育,早了几十年。美国的专业学位教育形式经过一个多世纪的发展,逐渐形成了一个从培养目标、课程设置以及质量保障体系等各个方面都比较成熟的培养体系,所涉及的领域包括工商管理、社会工作、教育、艺术、新闻、国际关系、建筑和城市规划等几乎所有的职业领域。在经济全球化不断升级的背景下,各国对于高层次的专业实践人才同样有着较大的需求。英国、德国、日本等国家都或多或少地借鉴了美国的专业学位教育形式,形成了各具特色的专业学位教育模式。各国的学者也对此进行了许多研究。

然而在这些众多的研究中,将专业学位教育整体作为一种学位类型而进行的研究相比之下却显得很少。大部分的工作集中在对某一具体专业学位的某一问题的研究上。在目前能够搜索得到全文或者摘要的以专业学位为研究对象的45篇英文文献中,对某一具体专业学位进行研究的共有27篇,其他18篇基本上都是对专业学位教育整体作为一种学位类型的研究。造成这种现象的原因,一是不同学科的学者站在本学科的角度研究相应学科的专业学位,更有利于保证研究的科学性,也更方便采用案例、问卷等实证方法;二是大部分英文文献出自于美国,而专业学位对于美国研究生教育体系以及学位制度来说是一种"自发内生型"的学位类型,因此一部分学者在对美国研究生教育体系或者学位制度进行研究的时候,并没有刻意将专业学位和其他的学位类型区别开来。

从我国的情况来看,新中国成立以来由于"左"的思想影响和"文化大革命"的发生,学位制度经历了一个长期不规范的过程。1980年《中华人民共和国学位条例》和《中华人民共和国学位条例暂行实施办法》相继出台,我国的学位制度步入了一个崭新的时期。在改革开放的背景下,经济社会飞速发展,对劳动者的素质提出了更高的要求,同时,由于技术的进步以及工作竞争的日益激烈,许多人在走上工作岗位甚至在已取得一定成就之后,有了通过进一步学习提高理论和实践水平的需要。1984年,清华大学等11所理工科大学向教育部提交了一份《关于培养工程类型硕士生的建议》,次月教育部转发,并正式部署在一定范围内培养工程类型硕士生的试点工作。1986年10月,国务院学位委员会、国家教育委员会和卫生部下达《培养医学博士(临床医学)研究生的试行办法》,1988年10月,国务院学位委员会第八次会议决定,在医科着手研究职业学位,这是我国首次提出职业学位的概念。1990年10月,国务院学位委员会第九次会议通过《关于设置和试办工商管理硕士学位的几点意见》,1991年,我国开始试办工商管理硕士(MBA)专业学位。

专业学位教育在我国设置至今,得到了迅猛发展,学科种类不断增加,层次不断丰富,规模也日益增大,因此许多国内学者针对我国的专业学位教育问题作了大量的研究,取得了显著的成就。其中,有对专业学位的内涵、性质、特点的理论探讨,有对某一具体学科或者某一层次专业学位进行的研究,也有与美、英国、法国、德国、日本等发达国家进行的比较研究。此外,还有学者将专业学位与其他社会问题相联系作了一些研究。

综观关于专业学位教育问题的国内外研究以及学者们提

出的各种理论,主要可以从以下几个方面进行概括。

1.4.1.2 专业学位教育的概念与属性

关于专业学位教育的概念与根本属性方面的理论探讨,主要还是由国内学者完成的。这一类研究直接讨论专业学位的概念、特点、来源等内容。

从概念上看,专业学位是以培养高层次、应用型人才为目标的、相对于学术型学位而言的一种学位类型。早在我国专业学位设置之初,国务院学位委员会1990年通过的《关于设置和试办工商管理硕士学位的几点意见》中就明确指出,工商管理硕士要培养的是"务实型"的管理人才。国务院学位办2002年发布的《关于加强和改进专业学位教育工作的若干意见》中指出:"专业学位,或称职业学位,是相对于学术性学位而言的学位类型,培养适应社会特定职业或岗位的实际工作需要的应用型高层次专门人才。专业学位与相应的学术性学位处于同一层次,培养规格各有侧重。"因此,在这一点上学界并无争议。

在专业学位的基本属性和特点方面,刘国瑜(2005)[44]提出职业性、学术性、研究性是专业学位研究生教育的三大基本特征。邹碧金(2000)[45]等简要回顾了我国专业学位的发展历史,提出实践性、职业性和综合性是专业学位的三个基本属性。史雯婷(2004)[46]等也作了相关研究并提出了类似观点。

有的学者将专业学位与传统的学术性学位进行比较,通过二者的异同体现出专业学位的基本特点和特殊要求。如叶宏(2007)[47]将专业学位培养模式的要素定义为培养目标、入学形式、培养方式以及质量控制四个方面,并从内涵、培养目标、培养方式以及质量控制四个方面比较了专业学位与学术学位培养模式方面的不同。胡玲琳[48,7]于 2005 年和 2006 年分别发表两篇文章,先后通过问卷调查以及文献分析的方式对我国当前两种不同学位的培养模式从培养目标、课程设置、导师指导以及论文评价几个方面进行了比较。贺佐成(2007)[49]撰文从培养目标要求、招生考试、学习费用、教学模式、课程设置、导师与论文等几个方面比较并探讨了学术性学位与专业学位的区别及联系。

由于专业学位在我国开始设置的时间并不很长,发展也很不完善。许多人对于专业学位的培养目标和培养特点并没有很深入的认识,甚至还存在着一些错误的观点。这些学者的研究从理论或者实践的角度对专业学位的内涵、性质、特点等从不同的角度进行了探讨,为我国专业学位教育培养模式理论体系的建立作出了很大的贡献。从这些研究和文献反映的情况来看,我国学者对于专业学位的内涵、培养目标和性质特点等的观点基本是一致的,都肯定了我国专业学位教育的培养目标是培养高层次应用型的人才,职业性是其显著的特点,都承认 20 多年来专业学位教育在我国获得了巨大的发展,但在发展中存在着一些问题,也都认同专业学位研究生教育的重要性将日益凸显,这是我国研究生教育发展的重要方向。

1.4.1.3 专业学位教育的学科与层次

国外关于专业学位教育的研究大多数集中在以某一具体学科专业学位为对象,探讨这一专业学位的运行和发展问题上。例如,Pamela A. Gibson(2007)[50]等针对 MPA(公共管理硕士)项目中对学生的考核问题在一个 MPA 项目中做了一个长达七年的试验,试验结果表明如果在招生录取时考虑学生的工作经验而不仅仅是标准化考试成绩,学生入学后将取得更高的学业成绩。Peter J. Denning(1998)[51]为包含软件工程专业学位在内的软件工程专业教育项目运行设计了一个概念框架,从学历学位、招生对象、课程模块、项目时间以及社区支持等几个方面提出了实施建议。Stephen D. Norton(2000)[52]等人通过问卷调查的方式,为美国的物理学专业学位项目制定了一个评价标准并根据这个标准将全美所有相关的物理学专业学位项目分为最强、较强和新项目三类。同样进行类似研究的还有 A. Joseph Threlkeld(1999)[53]、George M. DeGraffenreid(2001)[54]、C. B. Crawford(2002)[55]、Sophie Anaf(2007)[56]等。这些研究都具体到某一学科的实际问题层面,反映了这些学者重视实践的研究态度,也利于深化研究内容。

在专业学位的层次方面,许多国外学者或者研究机构对专业硕士或者专业博士学位进行了专门的研究。由于美国的专业学位大部分集中在硕士层次,因此一般的研究中提到的专业学位一般指的都是专业硕士学位,这里不再举例。而"专业博士"(Professional Doctorate)的提法则更多出现在英国学者的研究中。例如,Stephen Hoddell(2000)[57]就对英国专业博士和哲学博士(Philosophy Doctor,简称PhD)二者进行了比较,分析二者各自的特点与不同。英国研究生教育委员会(UK Council for Graduate Education)[58]于 2002 年出版了《专业博士》(*Professional Doctorates*)一书,对英国专业博士学位的发展、类别、模式结构、质量标准、特点、需求以及学者观点等各方面均作了介绍。2005 年,英国研究生教育委员会[59]又一次出版了《英国专业博士学位奖学金》一书,对当前英国专业博士学位发展现状以及奖学金颁发的单位、数量、对象以及范围等作了调查。在专业学位的类别方面,学者们不仅仅探讨了一般专业学位的相关问题,也对诸如专业科学硕士(Professional Science Master,简称 PSM)以及第一专业学位(First Professional Degree)等特殊类别专业学位进行了研究。例如 Michael S. Teitelbaum 以及 Virginia T. Cox[60]于2007年在 Nature 上撰文介绍了专业科学硕士的基本特点,并阐明了设置专业科学硕士的可能性与必要性。Steve Crawford(2006)[61]也同样从产生背景、适宜人群、特点、运行、功能作用以及发展前景等方面对专业科学硕士进行了介绍。而 Jeffrey S. Russell(2000)[62]等人则提出了发展第一专业学位的三种模式。

从我国的情况来看,在以"专业学位"为关键词所能搜索到的文献中,探讨某一学科专业学位教育问题的文献占了很大一部分。究其原因,一方面是因为大部分的研究者是具有某一学科背景而不是专门从事教育学理论研究的,在研究中结合他们自己所熟悉的学科领域,能充分发挥他们的优势,方便把研究做深做透,同时,一些教育理论研究者也选择以某一学科为背景进行专业学位研究,这与研究者的兴趣、研究资料的可获取性以及研究问题的针对性有关。另一方面的原因在于,自从1990年我国开始试办第一个专业学位——工商管理硕士(MBA)以来,我国的专业学位教育一直呈现不断发展的态势,种类不断增加,在研究生教育中所占的比例也越来越大,已经成为培养大批高层次、应用型专门人才的重要途径。在教育理论研究领域,专业学位培养目标的特殊性和必要性、其以实践性、职业性为根本特征的属性以及良好的发展前景都已经是公认和不争的事实。因此,在一部分学者已经完成对专业学位设置的必要性、基本属性以及发展根源等问题的理论论证之后,也需要更多的学者转向研究每一种具体专业学位如何办的问题。

综合大量着眼于研究某一种类专业学位的研究可以发现,几乎每一种专业学位都有相关的针对性研究。例如,针对教育硕士专业学位进行研究的有张晓明(2005)[63]、张慧(1999)[64]等等,针对工程硕士专业学位进行研究的有王聿童(2005)[65]、刘惠琴(2003)[66]等,针对临床医学专业硕士学位进行研究的有刁承湘(1999)[67]、郭静竹(2001)[68]等,针对法律硕士专业学位进行研究的有曾宪义(2007)[69]、郝晓明(2007)[70]、李红(2004)[71]等,针对会计硕士专业学位进行研究的有王海民(2005)[72]、罗飞(2003)[73]等,针对艺术硕士专业学位进行研究的有方仪(2006)[74]、钟宏桃(2003)[75]等,针对公共管理专业学位进行研究的有胡河宁(2006)[76]、季明明(1999)[77]等,针对建筑硕士专业学位进行研究的有王亚杰(2000)[78]、杨昌鸣(2000)[79]等。另外,农科、军事、翻译等其他方面的专业学位也有相关文章论述。

这些研究也可分为几种类型。

一是论证设置某一种专业学位的可能性与必要性。如张振刚(2007)[80]分析了我国现有工学博士教育存在的问题,提出发展工程博士专业学位教育,构建有中国特色的工程博士培养模式是建设创新型国家的需要。马健生(2007)[81]等论证了设置教育博士专业学位不仅是我国教育事业发展和教师个人发挥的需要,同时也是完善我国学位制度的需要,因此有必要在我国设置教育博士专业学位。姚启和(2000)[82]等论证了设置教育管理博士专业学位培训大学校长的必要性和可行性。罗飞(2003)[73]则论述了在我国开办会计硕士专业学位教育的必要性、紧迫性以及可能性。

二是讨论某一种类专业学位如何办的问题,存在哪些问题和对策。例如,王晨光(2003)[83]等根据在职法律硕士生的特点,从培养方案、学习时间安排以及教学方式等几个方面探讨了在职法律硕士生的培养、管理和教学创新问题。佟福锁(2004)[84]等提出了我国农业推广专业学位研究生培养评估体系的基本原则,并从生源状况、师资队伍、课程教学、学位论文、培养条件、管理工作以及社会评价七个方面确立了评估内容。提出问题并分析解决是这一类研究的主要内容和特点。

三是对这些专业学位的某一层次例如专业博士进行的研究。如上文所述马健生、张振刚以及姚启和的研究即属于此类。同属此类研究的还有仇国芳(2004)[85]等。由于目前我国设置专业博士学位的仅有临床医学博士、兽医博士、口腔医学博士、教育博士和工程博士五种类型,绝大部分专业学位还是集中在硕士层次,因此关于我国某一学科专业博士的研究主要还停留在论证以及介绍英美国家经验的阶段。

上文所述关于某一学科专业学位教育的研究者很多都来自于专业学位教学一线,他们的优势在于从学科的角度探讨某一类型的专业学位,丰富了专业学位教育理论,也更有利于各个学科的研究者和实践者理解与操作。

1.4.1.4 专业学位教育的质量保障

质量保障作为专业学位培养过程中的一个重要组成部分,一直都受到研究者的重视。

英国学者 Jane Fitzpatrick(2006)[86]对一个护理学专业学位项目进行了案例研究,结果表明在专业学位项目中鼓励学生进行自我评价(self-assessment)将使学生在学习中投入更多的情感努力,有利于学生将个人和职业的发展相统一。

Anne Marie Delaney(1997)[87]对美国东北部一所大学的教师教育专业硕士学位的毕业校友进行了调查,结果表明学生对于课程的满意程度、专业类课程的比例以及学生在项目评价中所遇到的能力挑战水平都将对项目评价产生重要的影响,同时也证明了校友调查的研究方法对于专业学位项目评价的有效性。由于评价问题往往是培养过程的最终环节,也是保障教育培养过程能最终实现教育培养目标的关键,对于质量评价问题的较多研究也体现了国外学者对这一问题的重视。

陈谷纲(2006)[88]提出,专业学位教育的质量观既要强调外适性质量观,也不应忽视内适性质量观,要强调目标达成观以及培养绩效,但也要有发展的眼光,不应过于功利。彭齐东(2006)[89]等探讨了专业学位研究生教育的培养质量控制方面的问题。杨启亮(2001)[90]总结了目前我国专业学位教育评价中出现的问题,同时提出"差异平衡"的教学评价理念。陈元(2008)[91]从内部质量保障体系和外部质量保障体系两个方面对美国专业学位教育的质量保障体系进行了系统的研究,提出要加快中介评估机构的培育。

总的来说,学者们在研究专业学位教育的质量保障问题时,强调理性、多元、发展的质量观,近年来我国的研究,则更重视研究美国中介评估机构在评估体系中的作用。

1.4.1.5 专业学位教育的国际发展动态

专业学位教育对于我国来说是一个舶来品,当前我国的专业学位教育制度主要是学习美国的模式,另外也借鉴了其他一些国家的经验。将这些模式与经验同我国的具体情况相结合,逐渐发展成为我国专业学位的独特模式。因此,近年来学界对于其他国家专业学位的经验介绍尤其对美国模式的探索从来都没有停止过,所涉及的国家包括美、英、德、澳、日等。关于专业学位国际发展动态方面的研究,主要也可以分为两种类型,一是经验介绍,一是比较研究。

首先是经验介绍。这一类型研究的特点是直接介绍某一国家或者某一国外学校专业学位的模式与经验,并不与中国的情况进行比较,有的只是在篇末指出这些经验对我国的启示。例如,钟尚科(2006)[92,93]等分别研究了英国和美国工程博士专业学位研究生教育的产生与发展,并分别从招生、课程学习、实践训练、导师指导以及学位论文等几个环节对两国工程博士专业学位进行了介绍,并提出改革我国培养目标和类型单一的工学博士研究生教育的必要性。高益民(2007)[94]介绍了日本自2003年起开始实施专业学位研究生教育的基本过程,并指出日本的专业学位研究生教育目前还处在初步探索阶段,因此存在着许多问题,与日本现行的高等教育体制之间缺乏充分的整合性。张炜(2004)[95]等对美国第一级专业学位的界定与学制、规模和发展进行了介绍,并针对我国的情况提出了相关建议。另外,涂俊才(2007)[96]、谢佩娜(2002)[97]等也有类似研究。

其次是比较研究。这类研究主要是将国外模式与我国的模式进行比较分析,或者将几个不同国家的专业学位进行比较,从而区别出优势与不足,目的在于汲取经验,完善当前我国专业学位教育的现有模式。例如,娄成武(2002)[98]等从课程体系和教学内容两个方面对中美MPA教育进行了比较,袁锐锷(2000)[99]从招生、学制、课程结构、教学方法、过程及其管理等几个方面对中国的教育硕士与英国教育方面的课程硕士进行了比较和分析,郑莲敏(2006)[100]对中英专业学位的发展情况作了比较,并指出我国当前专业学位发展的不足以及可以从英国借鉴的有益经验。周富强(2006)[101]介绍了美、澳、英三个国家现代专业博士教育的模式和特色,提出我国开展专业博士教育的问题和启示。同样作类似研究的还有庞青山(2002)[102]等。

在对其他国家专业学位教育所进行的研究中,许多学者作了大量的研究和翻译工作,提供了许多宝贵的资料。这些研究的特点是,总体上针对美国的研究占绝大多数,资料最为翔实,案例也比较丰富,针对英国的研究次之。这不仅仅是因为英语国家文献资料获取和理解的便利性,也因为我国专业学位的形成与发展主要借鉴了美国模式,因此相对而言更具有可参照性。而其他一些国家的专业学位或者开始时间短,或者也是由美国模式借鉴而来,本身发展也并不完善,因此可参照性较弱一些。

1.4.1.6 专业学位教育与其他社会问题

许多学者在研究其他社会问题时,也将这些问题和专业学位联系在了一起。例如,Carol Kasworm(2007)[103]在研究终身教育问题时,认为专业学位可以担负起赋予受教育者终身学习能力的使命,并在丹麦和美国之间作了比较研究。Gregory W. Hislop(1999)[104]认为可以将网络教育的形式与专业学位结合起来,通过网络教育的形式,使专业学位学习者可以"随时随地"地接受教育。也有个别学者将某一行业的就业情况调查和专业学位联系在了一起。

我国也有部分学者的研究并不仅仅论述专业学位的问题,而是将专业学位与其他研究问题放在一起,分析二者的联系,目的在于使二者能够相辅相成,形成良性互动。例如,何万宁(2002)[105]分析了高等职业教育的内涵与特点,探讨了高等职业教育与专业学位教育二者之间的关联与对接问题。翟怀远(2007)[106]等分析了专业学位研究生教育与我国职业资格认证制度二者的现状与问题,认为应该将专业学位与职业资格认证两种教育制度结合。唐文焱(2007)[107]提出,应该在专业学位研究生教育中运用现代远程教育,从而改变我国专业学位研究生教育规模与质量不可兼得、培养目标难以实现以及培养机制改革难以深入的制约。作同样研究的还有邓玲玲(2006)[108]等。这类研究有的是希望通过探索某一问题和专业学位之间的联系与共性,从而找到更好地发展专业学位、解决目前专业学位教育所存在的问题的方法,如提出在专业学位中采用远程教育技术的研究。还有一部分研究则是希望通过专业学位教育的方式或者通过在当前专业学位教育中进行一定改革从而解决其他社会问题,如提出在专业学位教育中重视培养学生的职业道德素质问题,从而解决目前社会对于高素质人才的强烈需求与高素质人才严重不足二者之间的矛盾。由于专业学位作为当前我国高等教育系统的一个重要组成部分,因此在对其进行研究的时候不能把它当作一个单独存在的个体而孤立地对待,而应同时重视其存在的环境以及和周围事物的普遍联系。所以将专业学位与某一其他问题相联系进行研究具有重要的意义。

此外,还有一些学者对我国整个学位制度或者学位制度某一方面作了探讨,在研究中指出我国当前发展专业学位教育的重要性和必要性,并对当前我国在专业学位教育方面所做的工作和所取得的成就给予了肯定。如康翠萍(2005)[109]在其所著的《学位论》中指出"(设置专业学位的)措施的实施,从一定程度上改变了我国学位类型和规格单一,结构不合理的状况,推动了复合型、应用型高层次人才的培养工作,丰富和发展了我国的学位制度"。项贤明(2004)[110]撰文《我国学位与研究生教育制度改革摭议》,其中对我国学术学位和专业学位划分不清的问题提出了看法。薛天祥(2005)[111]则认为专业学位研究生教育将快速发展是我国学位与研究生教育未来的发展趋势。

总而言之,当前学界关于专业学位的内涵、性质、特点、基本属性等已经达成共识,都承认专业学位的培养目标是培养高层次、应用型的人才,职业性是专业学位教育的显著特点,都认为当前我国的专业学位研究生教育面临着诸如种类不够完善、规模和比例偏小、师资、教材、案例等不能满足需要,评估制度不够健全等问题,也都肯定了我国专业学位教育应该发挥自身特长,吸取国外经验,逐渐改善自身问题走向成熟。

但在这些研究中,也存在着一些问题。这些研究主要回答了专业学位的内涵、性质、特点、属性以及发展对策等问题,但是对于专业学位研究生的"培养模式"问题却基本没有涉及。目前在中国期刊网(CNKI)通过"专业学位"和"培养模式"同时作为关键词所搜到的文献只有一篇,通过百度搜索引擎可以找到2~3篇,但是这些文献基本都是对某一院校或某一类型专业学位办学经验的介绍。因此,关于专业学位研究生的培养模式究竟是什么样的,由哪些要素组成,应该有怎样的系统结构和运行特点,在当前的研究中并没有给予很好的回答。

另外,在对具体某一个专业学位类别进行分析的时候,对如何办好这些专业学位的问题做出了一些回答,但是这些回答主要局限在"问题—对策"或者"经验—借鉴"的层面上,同样没有对这一类别的专业学位教育培养模式应该由哪几方面要素构成作出判断,也没有给出专业学位办学的模式框架,部分文献甚至也没有提出足够系统深入的专业学位办学的原则和规律。

1.4.2 传统教育学研究中的培养模式

"培养模式"一词如果直接译为英语则应为"cultivation mode"或者"cultivation model"。但在英语国家的相关研究以及文献资料中均没有这样的用法。"模式"一词常见的英文译法是 mode、model 或者 pattern，而在英文中与"培养模式"从内涵与形式上均最为接近的词是 education mode, education model, education pattern, training mode, training model 与 training pattern。通过这几个词可以检索出大量相关英文文献，其中文献数量最多的是 education model 以及 training model。因此可以这样说，国外研究者做得更多的是关于"教育模式"（education model）以及"培训模式"（training model）的研究，这两个词与"培养模式"在内涵上虽不完全等同，但从这些研究的内容来看，也已经十分接近了。

国外学者关于"教育模式"（education model）以及"培训模式"（training model）的研究大致可以分为三种类别：一是介绍某一种新的模式类型，或者针对某一类人的教育模式；二是讨论某一种模式的具体应用，或者在这种模式情境下出现的其他问题；三是对不同的模式进行比较分析，包括不同模式的比较和选择等。

而国内学者对于"培养模式"的研究也十分丰富。近十几年来，国内高等教育领域有大量关于"培养模式"的文章发表，最早在 1983 年学者文育林就在《高等工程教育研究》中发表了《改革人才培养模式，按学科设置专业》的文章，对人才培养模式的改革进行了探讨。1994年，原国家教委全面启动和实施的《高等教育面向21世纪教学内容和课程体系改革计划》中首次正式出现了"培养模式"的提法。1998年，在教育部"第一次全国普通高校教学工作会议"上，教育部副部长周远清对"培养模式"的概念作出了解释："所谓人才培养模式，实际上就是人才培养目标、培养规格和基本培养方式，它集中地体现了高等教育的教育思想和教育观念，规定着所培养人才的根本特征。"[7]此后，许多学者基于自己的学科专业，从理论和实践的层面对培养模式的各个方面进行了探讨。总的来说，对我国当年高等教育的人才培养过程进行研究，并提炼出一定的模式，不仅仅是理论上的贡献，更能作为有效的经验对实践起到指导作用，具有重要的意义。当前我国人才培养模式的研究有对于培养模式概念特点的诠释，有对于不同学科和层次人才培养模式的分析，也有对某一种具体培养模式的介绍，另外还包括大量介绍国外先进培养经验的比较研究。结合国外研究的情况来看，主要有以下几个类别：

1.4.2.1 培养模式的概念与属性

这一类研究的常见表述包括"论培养模式"、"改革培养模式"、"创新培养模式"等等。学者们的观点并不十分统一，单单是对培养模式概念的界定，就有多种不同的观点，具有代表性的有要素组合观、方式方法观、过程观以及结构过程观等。如有的学者认为培养模式是"为实现培养目标而把相应诸要素优化组合起来的一个有序系统"[22]，就是一种要素组合观的观点，而把培养模式界定为"人才素质要求和培养目标的实施的综合过程和实施过程"[29]，就是一种过程观的观点。这些观点的关键区别在于把培养模式看成是"结构范畴"还是

"过程范畴",抑或是"结构范畴与过程范畴的统一"[7]。近年来,越来越多的学者认同"培养模式"是一种"标准样式和运行方式",是结构与过程、"静态内容"和"动态内容"的统一[32]。持这种观点的学者有胡玲琳(2004)[7]、许玉清(2005)[31]、杨峻(1998)[19]、何振雄(2007)[112]、罗泥(1998)[113]、阴天榜(1998)[16]、龚怡祖(1998)[8]、郑群(2004)[114]等等。

对培养模式概念的探讨还体现在对培养模式与教学模式、教育模式、办学模式等概念的辨析与区分上。一般的观点是,教学模式是"为实现特定的教学目标而采取的教学活动组织形式"[16],教育模式是"指教育在一定社会条件下形成的具体式样"[115],办学模式"主要考虑由谁办学、怎样办学及办学特点等问题"[16],而培养模式是"当办学目标确定以后怎样实现目标而采取的措施"[16]。几个概念十分相近,但侧重点各不相同。

关于培养模式所包含的要素,学界的观点也不尽相同。由于没有一个统一、公认的定义,每位学者在进行培养模式研究时,都根据自己的理解和需要,对其要素进行了不同的划分。笔者仅仅根据1990年以后的发表在国内核心刊物的论文以及相关硕博论文进行了粗略的统计,就发现了近20种不同的观点。其中,以胡玲琳(2004)[7]提出的"培养目标、入学形式、培养方式、质量评价"的分法,龚怡祖(1998)[8]"专业设置模式、课程体系状态、知识发展方式、教学计划模式、教学组织形式、非教学或跨教学培养形式、淘汰模式"的分法,以及被许多学位论文[116,117,9,10]采用的"培养目标、培养过程、培养质量(培养评价)"分法比较普遍被接受和引用。

这些大量的对培养模式概念、属性和要素等的剖析和研究,为培养模式的深入研究提供了不同的视角和方向,是进一步探讨培养模式系统结构以及功能的基础。但其中也出现了许多分歧。第一个分歧在于培养模式到底是要素的组合,还是方法的组合,抑或是一个有机的系统?第二个分歧在于培养模式到底包含了哪些要素,各个要素的具体内容如何?学界并没有一致的观点,有待于进一步的整理和辨析。

1.4.2.2　培养模式的类型与层次

培养模式具有多样性的特点,不同的培养目标决定了不同的培养模式,同一培养目标下由于政治经济水平、区域特点、历史文化以及教育发展水平等不同,培养模式也大不相同;同一个培养模式在不同的时期也体现出不同的特点,始终随着时代变革而发展。因此,学者们在进行研究的时候,往往根据自身的理解和经验,从不同的角度对培养模式进行分类。由于培养模式的多样性,因此,不同的分类依据,可能带来不同的分类结果。常见的有根据类型的分类以及根据层次的分类。

从类型上看,国外的研究或者提出一种新的教育模式类型,或者讨论针对某一类人的教育模式类型,或者二者兼而有之。例如,Nora Griffin-Shirley(2002)[118], Lloyd Brooks(1998)[119]以及 Wayne P. Jones(1991)[120]等针对不同的问题提出了新的教育模式,Elizabeth B. Bolton(1977)[121]就女性的教育培训问题提出了看法,Linda Boliek Barnett(1993)[122]等提出了对学术上具有天赋的青年进行教育的模式。而 June Lemke(2000)[123]则提出了一种在夏威夷农村地区进行教师教育的"范例变换"模式。这些研究体现出注重实践的特点,很少有理论上的研究。

而真正将培养模式作为一个研究的概念,并对其进行理论上的类型划分的,主要还是国内的学者。目前国内学者根据不同标准对培养模式类型划分的观点主要有以下几种。

第一,依据培养目标的不同来分,可以分为学术型和应用型。学术型研究生培养模式主要培养研究型人才,而应用型人才培养模式则培养高层次应用型的实践人才。二者在招生方式、课程设置、导师组成以及论文要求等方面都有很大不同。在研究中采用此种分法的有胡玲琳(2004)[7]、贺佐成(2005)[49]、项贤明(2004)[124]等。而刘鸿(2003)[125]也有类似的分法,他将研究生培养模式归纳为研究型、复合型以及应用型三种类型。

第二,以培养特点与培养方向的不同来分,可以分为研究型和教学型等等。例如陈学飞(2002)[17]根据不同国家博士生培养模式的演变历史、特点以及培养方向,将其分为教学型、研究型、专家型和综合型四个类别。

第三,以培养方式的不同来分,可以分为学徒式、专业式、协作式等,这也是目前学术界比较常见的分法。例如薛天祥(2001)[126]认为研究生教育模式可以分为学徒式、专业化模式、协作模式以及教学式。丁康(1997)[15]将研究生培养模式分为研究型、专业化以及协同式三种类型。裴劲松(2003)[127]将这一分法进行了扩展,把研究生培养模式确定为学徒式、专业式、协作式、英国的修课式、德国式研究生院、虚拟研究生院六种类型。

第四,以培养主体层次的不同来分,李盛兵(2005)[20]认为可以分为学校型、学院型、跨校型、以学科为基础的跨校型和虚拟研究生院五种。

第五,以培养主体在培养过程中所处地位的不同,程斯辉(2006)[128]认为可以将研究生培养模式划分为政府主导型模式、高校(研究生培养单位)主导型模式、学科专业单位主导型模式、导师主导型模式、研究生主导型模式和社会(用人单位)主导型模式等六种类型。

除了分类之外,还有许多学者探讨了某一具体类型人才的培养模式。常见表述包括"创新型人才培养模式"、"复合型人才培养模式"、"应用型人才培养模式"等等。

这些不同的分类在一定程度上为培养模式的研究理清了思路,并提供了不同的视角,但有时也存在划分依据不清的问题,显得比较杂乱。例如将培养模式分为学术型和应用型,就是按照培养目标来进行的分类,而将培养模式分为教学型、研究型、专家型和综合型四种类型,则有从培养方式和培养结果两个角度进行划分之嫌,有的学者将培养模式分为研究型、专业化以及协同式三种类型,也是同时从培养方式和培养结果两个角度进行的分类。不同的学者从各自的角度进行分类,同一个学者在进行分类时还同时采用了不同的依据和标准,这样就很容易造成读者的困扰。另外,在对分类进行命名时,还存在不同的说法,如"协同式"与"协作式"、"订单式"与"定单式"等。这样的结果是造成了混乱,不利于读者了解当前培养模式研究的现状,也不利于开展下一步的研究。

许多研究也聚焦于某一学科或者专业的培养模式,将某一学科或者专业的培养模式作为一种特殊类别来进行研究。其涵盖的学科范围涉及方方面面,例如"软件教育培养模式"、"会计学培养模式"、"MPA 培养模式"等。作者往往结合其工作实践以及学科优势,对本专业的人才培养模式进行分析与构建,有的还将自己的相关经验作为案例。例如在近几年的研究中,张俞红(2007)[129]等对高等研究中心的博士生培养模式提出了看法,对体育类专业人才培养模式提出看法的有徐雪霞(2007)[130]等，对财务会计类专业人才培养模式提出看法的有白玲(2007)[131]、卢新国(2008)[132]等，对教育类专业人才培养模式提出看法的有陈姝娟(2007)[133]、王智秋(2007)[134]等，对生物类专业人才培养模式提出看法的有韩冰(2007)[135]等，张俐(2007)[136]、佟子林(2007)[137]等就医学相关专业人才培养模式进行了研究。其他所涉及的专业包括英语专业、人力资源、物流管理、电子商务、工程教育、公安特警、美术、旅游等。

此类研究的优势在于，使得研究者可以从自己熟悉的工作实际出发作相关理论上的归纳与探讨，与其他一些关于"培养模式"的整体研究相比，分学科或者专业领域的培养模式研究更有利于突出每个不同学科专业的特点及其培养模式的特殊性，因此，更有利于实践工作者从中获得有益的经验并掌握相关的规律，同时也是其他研究者进一步理论研究的基础。但同时，这类研究的突出问题也在于：一是容易流于对一般经验的浅层次叙述，不能突出本学科或者专业的特殊性；二是一些经验过于个别化，没有足够的理论上的提升，因此不具有普适性，也不利于其他实践者借鉴。

从层次上看，许多文献也从不同的角度对培养模式进行了研究。其中，与高等教育相关的常见表述有"本科人才培养模式"、"高等职业教育人才培养模式"、"研究生培养模式"、"博士生培养模式"、"教师培养模式"等。从研究对象上看，基本涵盖了我国高等教育人才培养的各个层次。

其中，专门论述本科生人才培养模式的有王兴华(2003)[138]的《本科层次复合型人才培养模式及途径探讨》，史静波(2007)[139]的《美国研究型大学本科生培养模式研究——以麻省理工学院为例》，徐理勤、顾建民(2007)[140]的《应用型本科人才培养模式及其运行条件探讨》，以及李志义（2007）[32]的《谈高水平大学如何构建本科培养模式》等。

专门论述高等职业教育人才培养模式的有庞勇（2006）[141]的《中外高等职业教育人才培养模式比较研究》、赵金昭（2006）[142]的《我国高等职业教育体系与培养模式研究》等。

在讨论人才培养模式的研究中，关于研究生培养模式的文章占绝大多数，其中有对博士生培养模式、硕士生培养模式以及专业学位培养模式的专门论述，也有对研究生培养模式的整体研究。在学位论文中，胡玲琳（2004）的《我国高校研究生培养模式研究——从单一走向双元模式》对研究生培养模式的概念作出了分析与定义，并对学术型和应用型两种研究生培养模式进行本质区分，被许多相关研究所引用。另外，肖国芳（2006）[9]、何杰（2003）[143]、刘鸿（2003、2002）[144,145]、王衡生（2003）[145]、孙崇文（2005）[147]、祁晓庆（2006）[148]、程斯辉（2006）[149]、何振雄（2007）[112]、李盛兵（2005）[20]等分别就研究生培养模式的概念界定、研究综述、分类、多样化、创新性以及国际比较等问题提出了各自的看法。陈少雄（2005）[150]通过广泛的问卷调研，运用数理方法建立了我国研究生培养模式的评价体系并对我国研究生培养模式中的各个要素作出了综合评价，是目前比较少有的利用数理方法解决我国研究生培养模式问题的文章。

张俞红（2007）[151]、李晓娟（2007）[152]、李琴涛（2007）[153]、李欣（2003）[154]、马黎（1994）[27]、李艳梅（1999）[28]等从各自的角度阐述了博士生培养模式的特点以及对我国的启示。

刘向平（2007）[155]回顾了美国各个时期教师教育改革与发展的情况，阐述了教师培养模式的变迁。此外，穆岚

(2004)[156]、张斌贤（2005）[157]、蒋亦华（2008）[158]、刘和忠（2004)[159]等也就教师培养模式的问题提出了各自的看法。

在对培养模式类别与层次的研究中，本书还发现，许多文献在"研究生培养模式"的提法之下，并没有区分不同层次，不同类别的研究生培养模式。随着近几年我国研究生的不断扩招，硕士生教育的规模越来越大，而博士生教育的规模则变化不大，硕士和博士教育之间的差距被进一步拉大，培养目标也有不同。另外，同在硕士生教育层次，也有培养目标的区分，可以分为学术型学位和专业学位。而与此同时，大量研究中统一使用"研究生培养模式"一词，则主要是针对硕士层次的学术型学位来说的，因此有必要在研究中区分这三种基于不同培养目标的学位类别。

1.4.2.3 培养模式的选择和应用

正如上文所论述的，培养模式具有许多的层次和类别，因此，如何在实践中辨析这些不同类别和层次的培养模式并针对不同的情况作出不同的选择，使之在实践中得到更好的应用，也是许多学者研究的方向。

这类研究中，有的是对不同的教育模式进行比较，例如 A. Beneka(2002)[160]等针对腕部旋转肌群的训练模式对三组被试做了一系列实验并将三组数据进行了比较研究。而有的研究则是通过比较讨论不同教育模式的选择或者直接提出选择的方法与原则。如 Charles Cowell(2006)[161]等在 Alternative Training Models 一文中就阐述了系统的教育模式由要素和结构组成，以及对这些模式进行分析、设计、发展、执行、评价的过程中可采用的多种系统教育模式类型。Tatiana Tambouratzis(2000)[162]也作过类似研究。

许多国外研究还讨论了某一种或者某一类教育培训模式的具体应用,包括这些教育模式的应用条件、优势、不足以及效果等。例如,Gary Lathamd(2004)[163]等分析了美国当前教育模式的不足,提出在 MBA 项目中采用"管理者教育模式"以培养综合性思维能力。J. C. Taylor(1991)[164]等对教师在远程教育模式下的教学态度进行了调查,认为大多数教师对于远程教育的自主性、灵活性与延展性有着比较满意的态度。

从国内的情况来看,许多的学者通过研究以及结合自己的工作实践,提炼出了种类繁多的培养模式类型,常见的有"订单式培养模式"、"产学研结合培养模式"、"3+2 培养模式"、"导师制培养模式"等。其中,有根据学习年限来分类的,如"1+1+1 培养模式"[165]、"3+1 培养模式"[132]等;有根据培养途径来进行分类的,如"零距离"培养模式[166]、"订单式"培养模式[167]等;有根据指导方式来进行分类的,如"导师制培养模式"[168]、"双师型培养模式"[169]等;还有的是对具体培养特点的描述,如"平台+模块"培养模式[170]、"一点二线三面"培养模式[171]等。在此类研究中,大多对所选择论述的具体培养模式类型进行详细的介绍,对其应用范围、应用原则和特点作出规定。通过这类研究,隐藏在实践工作之中的大量有益经验就可能以模式的形式被提炼出来,从而方便其他人才培养机构借鉴,也为进一步的理论研究打下了基础。

1.4.2.4 培养模式的国际发展动态

随着我国高等教育开放程度的不断加深,越来越多的学者更多地关注国外高等教育的人才培养模式。这类研究大多是介绍国外培养模式的经验和做法,有的和我国情况作出比较。其中以介绍美国高等教育培养模式的居多,介绍德国、英国、日本以及其他国家情况的也有一些。其中,梁宏(2001)[172]、陈晋(2002)[173]、伍红林(2004)[174]、黄宝印(2007)[175]、罗刚(2006)[176]、应乐安(2004)[177]等学者对美国的情况进行了介绍,陈学飞(2000,2002)[178,17]对法、英、德、美几个国家博士生培养模式进行了探讨,李艳梅(1999)[28]对中美德三国医学博士生的培养模式进行了比较,由北京化工大学、清华大学、北京航空航天大学以及北京科技大学的几位学者组成的课题组[179]于1999年在《高等工程教育研究》上发表了《美、日、德、俄、中五国理工大学人才培养模式及其比较研究》,对几国理工大学人才培养模式进行了详尽的介绍和比较,翁惠根(2007)[180]等对美、德、澳三国高职教育人才培养模式进行了介绍。同样进行类似研究的还有伍红林(2005)[181]、于海静(2006)[182]、李时雨(2006)[183]等。

此类文章包含了国外特别是一些发达国家不同层次、不同类型的培养模式,如从层次上看,有博士生培养模式、教师培养模式、高职人才培养模式、本科人才培养模式等;从类型上看,有专业学位人才培养模式、产学研合作人才培养模式等;从学科上看,有金融学人才培养模式、医学专业人才培养模式等。这与介绍国内情况的文献类别大体类似。通过这些研究,国内的研究者们更多地了解和思考了其他国家的经验,并作了理论上的归纳。这对于我国高等教育的改革与发展将起到很好的借鉴作用。例如,针对经济与社会发展对高层次、应用型实践人才的大量需求,我国自20世纪90年代开始效法美国,在一些领域设置了专业学位,如工商管理硕士、工程硕士等。许多学者就专业学位的培养模式及其相关问题作了大量的比较研究,为我国专业学位的设置与改革发展提出了大量规律性和可操作的建议。

综上所述,在传统教育学研究中,对培养模式的研究可以分为概念与属性、类型与层次、选择和应用以及国际发展动态四个大类。从方法上看,国外学者更多地关注实践问题而非学理研究。与国内研究相比,研究方法多采用问卷调查、模型构建、案例分析等。学者个人所作的研究一般倾向于选取较小的问题,例如 MPA 项目的质量评价等。而相比之下,一些国外研究机构则倾向于对某一学位类型的整体介绍或者调查研究,例如研究"专业博士"的形成背景、发展特点、模式结构、质量保障等。在部分研究中,专业学位或者培养模式不是其研究的直接对象,而是研究某一社会问题或者其他相关问题的时候将这些问题和专业学位联系在了一起,研究专业学位背景下的某些社会问题或者这些问题与专业学位的某种联系。而国内的研究则更强调概念的辨析、模式类别的划分等内容,也更重视对国外先进经验的介绍与学习。总体上来说,目前人才培养模式及其相关研究已经得到了学界的重视,并且在不同的角度与层面上都有了一定程度的研究。这为下一步更深入的研究奠定了基础,也提供了多种不同的视角。但目前仍有许多问题值得思考。

首先,较少从系统角度分析培养模式的概念及其内涵。系统思考的方法是一种科学的研究方法,它从系统的要素、构成、运行、特点、功能以及环境等各个角度来考察事物,使得事物能够以一种全面、整体、系统的面貌清晰地呈现在读者面前。许多学者从类型、应用以及选择等角度对教育培养模式进行了探讨。但是,对于教育培养模式概念的内涵、外延、所包含的要素、存在的环境、运行规律等缺乏系统的研究。但是随着教育培养模式研究的不断深入,"教育模式"或者"培养模式"已经成为一个比较常见的学术概念,对其内涵、要素等等定义不清将造成读者理解上的偏差,也不利于其他学者进行下一步的研究。

其次,从要素划分的角度来看,当前学界对培养模式概念理解有待深入,对其构成要素的划分缺乏依据。不同的学者从各自不同的角度去理解和分析培养模式的概念,使得对于培养模式的定义及其要素划分缺乏一个统一的具有说服力的论断。有的学者只是简单采用了别人的观点或者略作修改,但并没有验证这些观点的正确性,也没有提出有力的依据。有的学者只是使用了"培养模式"一词,但并未对培养模式的概念内涵有深入的分析与了解。在对培养模式构成要素进行划分时,由于依据不足,有的学者只是根据经验或者个人感觉进行划分,划分时有时采用多重依据、多重标准,使得划分结果出现重复或者遗漏。

最后,所提出的"培养模式"有些比较空泛,缺乏实践和理论意义。有些是某一院校或者学科的经验之谈,并没有形成体系,因此适用的深度和广度都有很大限制,缺乏对现实的指导力。有的文献总结了本校实际以及自身工作经验,提出某专业某一种培养模式,但对这些模式进行的分析则比较空泛,有时仅仅是一些放之四海而皆准的教育原则、办学规律,未能上升到"模式体系"的高度,却被冠以"培养模式"的名称。

随着系统科学的不断发展及其在人文社科领域的应用日益深入,从系统的角度分析我国的人才培养模式,对其系统结构和功能进行深入的研究,并形成一套相应的理论体系,是未来研究的一个重要方向。

1.4.3 人才培养模式的系统观

尽管从系统科学的角度去研究人才培养模式的文献还比较少见,但是系统科学在高等教育领域的应用则已有些时日。

其中,比较有影响的是美国当代著名的高等教育学者伯顿·克拉克(Burton R. Clark)。他将系统论的观点应用于高等教育领域,对国家高等教育系统进行了比较研究,并分析了高等教育系统中的大学组织形式。其多部经典著作被翻译成中文,包括《高等教育新论——多学科的研究》(1987),《对高等教育系统的管理》(1987)以及《高等教育系统——学术组织的跨国研究》(1994)等。他将"变革"作为一个重要的范畴,对高等教育系统的组织要素进行了界定,认为高等教育系统的基本要素包括工作、信念和权力,高等教育系统的结构包括一元结构、联邦结构以及联合结构,几种结构之间的联系紧密程度由紧密到松散[184]。通过对高等教育系统特征的分析,认为高等教育改革有五种模式,即基层革新、通过劝说进行的革新、渐进的变革、边界渗透变革和无形的变革。[18]

在我国,赵文华[185]于2001年出版了著作《高等教育系统论》,从学术组织、专业组织以及行政组织三个角度论述了高等教育系统的特征,认为高等教育系统的要素包括高等教育系统的主体与高等教育系统的客体,其结构包括以系统主体为中心的亚结构(高等教育管理结构、高等教育形式结构)以及以系统客体为中心的亚结构(高等教育的科类结构、高等教育层次结构),同时分析了高等教育系统的环境与功能。

许多期刊文献也以高等教育系统为研究对象,分析高等教育系统的要素、结构和功能。

根据系统论中对"系统"的定义,系统是由两个以上有机联系、相互作用的要素所组成,具有特定功能、结构和环境的整体。[186]高等教育人才培养模式是高等教育系统的一个子系统,同样具有一切系统所应具有的结构、功能和特点。然而在关于人才培养模式的研究中,结合系统理论进行论述的却并不多,只是散见于各类期刊文献中。并且,即使是以"系统"名义进行的培养模式研究,大多数也只局限在对系统要素的划分和阐述上,并没有进一步分析要素之间的关系,运行和功能。

Charles Cowell、Pamela Clinton Hopkins 和 Rochell McWhorter(2006)[187]等人提出,运用系统方法设计和发展培训模式(training model)可以更容易实现学习效果。系统培训模式由要素组成,这些要素促进了教学方法的设计以及教学事件的组织,使得学习的过程更具效率。同时提出了几种系统培训模式,组成了分析、设计、发展、完成、评价(ADDIE)模式,如图1-1所示。但是,Charles Cowell 在提出几种模式,分析其选择和应用之外,也并没有对其他的系统特征进行进一步的分析。

胡玲琳(2004)[7]对我国高校研究生培养模式进行了研究,她认为培养系统是由多个要素组成的整体,借助系统理论来进行分析,同时按照模式研究的方法,可以从研究生培养系统中抽取主要的要素进行研究,这些要素包括培养目标、入学形式、培养方式和质量评价。各个要素之间的关系如图1-2所示。

除此之外,部分学者虽没有明确提出运用了系统理论及方法,但也从"要素"的角度来分析"培养模式"。如龚怡祖(1998)[8]提出大学培养模式的要素包括"专业设置模式、课程

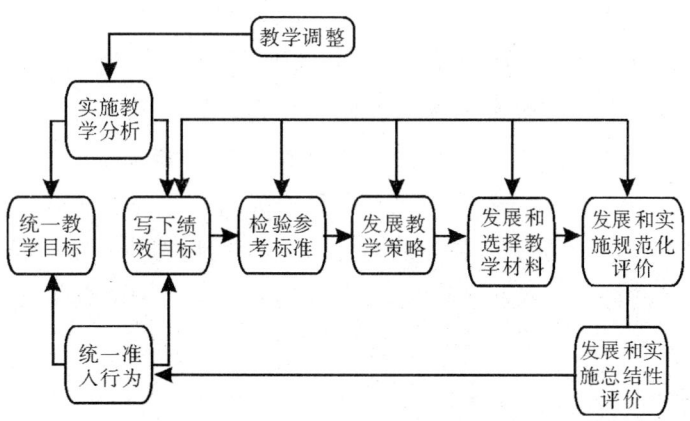

图 1-1 Charles Cowell 等人 ADDIE 培训模式下的教学设计的系统分析

资料来源：Charles Cowell，Pamela Clinton Hopkins，Rochell McWhorter，Debra L Jorden. Alternative Training Model[J]. Advances in Developing Human Resources，2006，4：460.

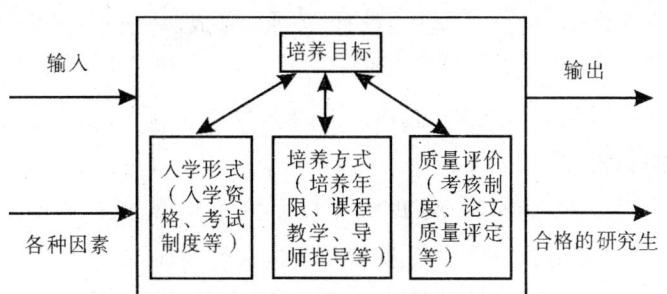

图 1-2 胡玲琳提出的研究生培养模式各要素内外关系

资料来源：胡玲琳. 我国高校研究生培养模式研究——从单一走向双元模式[D]. 上海：华东师范大学，2004：19.

体系状态、知识发展方式、教学计划模式、教学组织形式、非教学或跨教学培养形式、淘汰模式"，许多学位论文[116,117]认为培养模式的要素包括"培养目标、培养过程、培养质量(培养评价)"。

总体来说,在当前的高等教育研究中,将"培养模式"视为一个系统来进行的研究非常少见。仅有的结合系统理论来论述的文献,主要也是停留在划分要素、诠释要素以及简单交代要素间关系的层面上,主要还是从一个教育学研究者而不是一个系统科学研究者的视角去研究培养模式问题,并没有对系统科学的理论、方法和工具的深入应用,也没有提出相应的模型。而通过上文的分析也知道,"培养模式"完全符合作为一个系统的要求与条件。因此,从系统科学的视角研究培养模式问题,是一个充满新意的课题。

1.5 主要概念界定

1.5.1 模式

"模式"一词在现代科学研究中经常可以看到,如"管理模式"、"思维模式"、"生存模式"、"发展模式"等,但是对其概念的界定和属性的分析却有着不同的观点。不仅是不同学科对其定义不尽相同,在教育研究中对"模式"一词也有不同的理解和使用范围,常见的有教学模式、教育模式、办学模式、培养模式、课程模式等。因此,有必要梳理和界定本书中"模式"的基本概念。

《说文解字》上写道"模,法也。"[11] 而"式"本来就有方式、样式的意思,这说明"模式"即方法或者说技术的形式和样式。

《现代汉语词典》中对于"模式"的解释是"某种事物的标准形式或使人可以照着做的标准样式"。[12] 在英语中，"模式"即 mode，也常常被翻译为 model（模型）或者 pattern（样式），《牛津高阶英汉双解词典》对于 mode 的解释是 way or manner in which sth is done（方式、方法）或者 arrangement or setting of equipment to perform a certain task（操作安排、状态），[13] 综合以上各种解释可知，"模式"一词从其本意上看，含有模型、样式、方法的意思。

在现代科学研究中，"模式"除了表示模型、样式和方法的本意之外，其内涵又有了进一步的深化与发展。根据目前的文献来看，大多数学者认同"模式"是对某一现象或者事物的理论概括与表述，如美国著名比较政治学家比尔和哈德格雷夫(1985)[14] 对模式下的定义是"模式是再现现实的一种理论性的、简化的形式"，丁康(1997)[15] 认为模式是指"人们对某种或某组事物的存在或运动形式进行抽象分析后作出的理论概括"，是"一种简化了的理论描述或复写"，阴天榜等(1998)[16] 认为模式是"对事件活动的简约化表述"，陈学飞等(2002)[17] 认为模式是"对所研究现象的概括和简明表述"，唐玉光、房剑森(2002)[18] 认为模式是"对现实事件的内在机制以及事件之间关系的直观的和简洁的描述"。这些观点突破了"模式"等同于"样式"、"方法"的局限，指出"模式"是对现实的"理论概括"和"简明表述"，但这样的定义过于宽泛，很难揭示"模式"本身的独特属性与内涵，也模糊了"模式"与"理论"、"规律"、"机制"等概念的区别。在此认识的基础之上，又有学者提出"模式"是"包含了一些相对稳定的要素，而这些要素的组合方式及其运作流程就形成了事物存在、发展的状态，决定着事物发展的趋势和结果"。[19] 这种观点认为"模式"不仅包含了各个要素,还包含了这些要素之间的组合方式和运行方式,也就是说,"模式"是要素、结构和过程的统一。

基于前人的研究,并结合系统理论的相关原理,本书将"模式"定义为对事物的存在、结构以及运行方式所作的抽象化的理论概括,它不仅仅包括系统内各要素内容和要素间关系,也涵盖要素间互动的方式、方法和过程,是要素、结构和过程的统一。模式一旦形成,就具有了"整体性、规范性、目的性、探索性、可模仿性和可操作性"[22]的特点,它是理论和实践的中介,具有构造、解释、启发、预测等多种功能[23]。

1.5.2 培养模式

1.5.2.1 对众多定义的分析

基于上文对"模式"概念的分析,可以更容易地把握"培养模式"概念的内涵与外延。"培养模式"的提法在近几十年的学术研究中常常出现,在教育领域常见的提法有"人才培养模式"、"研究生培养模式"等,鉴于本书的研究内容,书中提到的"培养模式"均指在教育培养情境中对受教育对象的培养模式,也就是人才的培养模式。根据目前可以查到的文献来看,最早在 1983 年学者文育林就在《高等工程教育研究》中发表了《改革人才培养模式,按学科设置专业》的文章,对人才培养模式的改革进行了探讨。1986 年[24]和 1989 年[25],《清华大学教育研究》分别刊登了两篇文章讨论"培养模式"和"研究生培养模式"的问题。此后不断有学者对"培养模式"、"研究生培养模式"、"人才培养模式"进行研究并发表了大量的文章。1994 年,在原国家教委全面启动和实施《高等教育面向 21 世纪教学内容和课程体系改革计划》中首次正式出现了"培养模式"的提法,但当时并未对此概念作出相关解释和界定。1998年,教育部"第一次全国普通高校教学工作会议"上,教育部副部长周远清对"培养模式"的概念作出了解释:"所谓人才培养模式,实际上就是人才培养目标、培养规格和基本培养方式,它集中地体现了高等教育的教育思想和教育观念,规定着所培养人才的根本特征。"[7]

此后,许多学者从各自的研究视角出发探讨了"培养模式"、"人才培养模式"、"研究生培养模式"、"本科生培养模式"等问题,根据目前的研究情况来看,关于"培养模式"的概念界定,主要有以下几类不同的观点。

(一)要素组合观

这类观点认为,"培养模式"就是由各种要素组合起来的一个整体或者结构。如"高校培养模式是为实现人才培养目标而把与之有关的若干要素加以有机组合而成的一种系统结构"[26],"培养模式是培养相应人才的一种科学的思维与科学操作方法,是在一定的教育思想、教育理论和教育方针的指导下,为实现培养目标而把相应诸要素优化组合起来的一个有序系统"[22]。

(二)方式方法观

这类观点认为"培养模式"是方式或者方法的总和。如有的学者提出"研究生的培养模式,是指在研究生培养过程中,为了保证质量,对培养对象在课程教学、科学研究、论文撰写及答辩、社会实践等诸环节采用的特定的培养方式的总和"[27],"培养模式是指在实施研究生教育的过程中,为了实现培养目标和相应的规格质量,对作为受教育对象的研究生所采用的各种教育措施的总体方式,即在研究生招生、课程教学、科学研究、社会实践、论文撰写和其他培养环节以及论文答辩等诸方面的特定方式的总和"[28]。

（三）过程观

有的学者将"培养模式"视为一种过程。如那张军等(1997)[29]认为"培养模式实质上是人才素质要求和培养目标的实施的综合过程和实施过程"。还有部分学者认为培养模式的概念界定可以有广义和狭义之分,而狭义的培养模式就可以等同于培养过程。

（四）结构过程观

近年来更多的学者提出或者支持"培养模式"是一种"标准样式和运行方式",是"结构范畴和过程范畴的统一"[7]。这种观点认为"培养模式"首先是由各个要素组合而成的一种结构,各要素之间具有相互作用的逻辑联系,共同构成了"一个相互联系、相互制约的有序系统"[30],在实践中具有"一定的风格和特征"[31],同时这个系统体现了培养过程,是"静态内容"和"动态内容"的统一[32]。

综观以上各种观点,可以看出目前对于"培养模式"这一概念的各种理解之间有同也有异,相同点在于:(1)都承认培养模式的目的和指向在于实现"培养目标";(2)大都承认教育思想和教育理论对于培养模式的指导和约束作用。不同点在于各种观点对于培养模式的属性和要素构成的认识大相径庭。因此,要辨明培养模式的概念,首先要回答培养模式是什么,具有什么本质特征的问题。

1.5.2.2 对"培养模式"概念的全面考察

逻辑学上认为,"下定义"就是用简短明确的语言表达概念的内涵,揭示概念所反映的对象的共同属性的逻辑方法。

这种方法用公式表示就是"被定义概念＝种差＋邻近属概念",其中"种差"是指被定义的种概念所独有的属性,即和同属中其他种概念的本质差别,"邻近属概念"是指包含被定义的种概念的最小的属概念。要抓住"培养模式"这一概念的内涵,给它下一个准确的定义,同样要遵循"属"＋"种差"的原则。

(一)培养模式概念的最小邻近属

通过上文关于"模式"概念的界定,我们可以知道"模式"的本意是样式、模型或者范式。在上文所概括的关于人才培养模式的相关研究中,有着将培养模式定义为"要素组合"、"方法总合"、"过程"或者是"结构和过程"的观点。那么,培养模式到底是一个静态的由要素或者方法组成的"结构",或者是一个动态的"过程"呢?

系统科学告诉我们,"两个以上事物或对象相互关联而形成的统一体叫作系统"[9],系统由元素组成,"是元素及其关系的总合,即系统(E)＝{元素(A),关系(B)}"[10]。我们的身边存在着各种各样的系统。培养模式作为培养过程的反映和抽象概括,可以被看成是一个复杂系统。培养模式是由不同的要素按照要素间相互关系组合而成的整体,在实践中不断有物质、人才和信息等输入和输出。随着时代的发展、培养目标的改变,培养模式也会有相应的改革和发展。因此可以说培养模式是一个开放的、动态的复杂系统,既反映了结构,也反映了过程。这一点在实际应用中也得到了印证,任何的研究中只要涉及"培养模式",就必然要和培养过程、培养方式以及相关的制度、机制等结合起来。

因此,培养模式是一个由要素、结构和机制组合成的复杂系统,反映了动态的培养过程。

(二) 培养模式概念的本质特点(种差)

首先,培养模式是由多个要素组成的。关于这些要素的划分,学界有着不同的看法,为了统一这些观点,同时为进一步分析我国专业学位研究生培养模式的系统结构与运行机制打下基础,本书在下一章将对专业学位研究生培养模式的要素进行详细划分。

其次,培养模式是一个立体的概念。所谓的立体,是指培养模式不仅仅包含了八个要素,更包含了要素之间的关系以及将这些要素整合在一起的理念、方法、手段和规则等,它们共同构成了培养模式的静态系统结构。这些要素之间相互作用,相互影响,相辅相成,共同构成一个具有特定功能的有机整体,能够发挥"整体大于部分之和"的系统功能。

最后,培养模式是一个动态发展的系统。培养目标不同,培养模式也就千差万别;在相同的培养目标下,由于政治经济水平、区域特点、历史文化以及教育发展水平等不同,培养模式也大不相同;同一个培养模式在不同的时期也体现出不同的特点,始终随着时代变革而发展。

综上所述,人才培养模式的概念已经超越了原本的"模型"或者"样式"的范畴,而被赋予了丰富的内涵。它不仅仅包含了多个要素,还通过一定的理念、方法、手段和规则等将这些要素整合成具有一定结构的整体,这一整体在不同的教育情境之下呈现出不同的特点,演化出多种多样,各具特色的培养模式类型。

因此,可以将人才培养模式的概念定义为:在一定的教育培养环境之中,由培养目标、课程、师资等多个要素按照一定的关系组合,并遵循一定方式运行的培养特定人才的模型与范式,是对人才培养要素和过程的抽象概括。

1.5.3 专业学位研究生的培养模式

专业学位是相对于学术型学位而言的一种学位类型,要更深刻地理解专业学位研究生培养模式和一般人才培养模式的不同,首先要了解专业学位尤其是专业学位研究生的培养特点。专业学位与学术型学位在培养目标、培养特点、入学形式、教学方式以及论文写作等方面都有很多的不同,而造成二者差异的根本原因在于它们有着不同的培养目标:学术性学位的培养目标在于培养教学和科研人员,而专业学位的培养目标在于培养高层次、应用型的专业人才。二者的具体差异如表1-1所示。

表1-1 学术性学位与专业学位的差异比较

	学术型学位	专业学位
培养目标	培养教学、科研人员,从事学术研究工作	培养高层次、应用型人才
培养特点	研究性、学术性	专业性/职业性、研究性、学术性
入学形式	强调报考者的学术研究潜能	强调报考者的工作经验、实践能力
教学方式	以课程讲授和学生自主研究为主	强调案例教学、实验教学
课程设置	强调系统性、理论性;博士课程的前沿性	强调实用性、职业性
导师来源	本专业或相关专业理论基础深厚的导师	校内外双导师制
论文选题	强调理论创新	强调实践探索

基于上文对培养模式概念的分析,相应地,专业学位研究生培养模式是指在专业学位研究生培养情境之中,培养目标、课程、师资等要素按照一定的方式组合,并遵循一定的运行规律,培养高层次、应用型专业人才的模型与范式。

我们在分析专业学位研究生培养模式的概念时,应该认识到以下两个方面。

一方面,专业学位研究生培养模式作为人才培养模式的一个特殊类别,首先必然具备了人才培养模式的所有特性。它包含有多个要素,各要素间相互作用并遵循一定的规律培养特定人才。

另一个方面,专业学位研究生培养模式之所以区别于其他类型的研究生培养模式,就必然有其自身的特点与特殊性。这些特点与特殊性主要表现在:第一,培养目标不同,专业学位以培养高层次、应用型人才为培养目标;第二,各个要素所包含的内容和具体要求不同,例如,在课程设置方面,强调实用性以及职业性,师资方面则采用双导师制;第三,运行中所遵循的具体规则有所差异,例如专业学位往往具有不同于学术性学位的招生录取以及论文考核制度,侧重考察学生的实际运用能力。

1.6 研究内容、研究方法与研究流程

1.6.1 研究内容

基于对以上问题的思考,现对本书的内容安排如下:

第一章 绪论。交代本书的研究背景,提出书问题,进行文献综述,并对主要的概念进行界定,对研究进行设计。

第二章 我国专业学位研究生培养模式研究的理论基础。对系统理论以及研究生教育的相关理论进行整理与评述,作为本书的理论基础。

第三章 我国专业学位研究生培养模式的系统分析。确定系统边界,对我国专业学位研究生培养模式的概念、特征等进行讨论,运用内容分析的方法确定系统要素,并对要素和子系统进行了系统分析。

第四章 我国专业学位研究生培养模式的动态行为模式研究。运用系统动力学的原理和方法,分析我国专业学位研究生培养模式的因果反馈结构,建立流图模型,并对系统结构的运行模式进行仿真模拟,从而发现系统的结构特点及其运行模式。

第五章 我国专业学位研究生培养模式的系统结构模型及仿真分析。针对我国专业学位研究生培养模式的系统结构建立因果关系图和流图模型,并结合相关管理策略进行了模拟仿真。

第六章 我国专业学位研究生培养模式的运行机制与功

能分析。结合自组织理论的相关原理,从自组织与他组织、竞争与合作的角度分析我国专业学位研究生培养模式系统结构的运行机制,并分析这一系统结构所具有的功能。

第七章 我国专业学位研究生培养模式系统结构研究的应用。结合前几章对于系统要素、结构以及运行的分析,提出我国专业学位研究生培养模式的发展策略。

结论。对本书的工作进行总结,提出几点结论,并指出研究的不足与展望。

1.6.2 研究方法

本书将采用定量研究与定性研究相结合的方式,具体将采用以下几种研究方法:

• 文献法:系统地收集、整理和分析专业学位研究生培养模式的有关文献,包括国外尤其是美国、英国等国家专业学位研究生培养模式的有关文献。从文献来源上看,包括和专业学位研究生培养模式有关的法律、法规、文件,包括相关学术论文,还包括国内外大学网站以及政府或者社会机构所提供的案例以及统计数据等。从文献内容上看,包括国内外高等教育、研究生教育、专业学位、培养模式以及系统动力学、自组织理论等。

• 内容分析:内容分析法具有定量和定性结合、结构化和非介入性的特点,适于从大量定性材料中找出隐藏的客观规律。而本书面临着要素提取的科学性与客观性问题,定性材料也比较丰富。因此非常适宜采用内容分析的方法进行研究。通过内容分析的方法确定我国专业学位研究生培养模式的系统要素构成,为下文的研究打下基础。

• 系统分析:将专业学位研究生培养模式看成是由多个子系统所组成的复杂巨系统。运用系统动力学的因果反馈回路来分析我国专业学位研究生培养模式的系统结构,建立系统的结构模型并进行仿真分析。

• 数理统计分析:运用二手数据分析的方法,在美国国家教育统计中心(National Center for Education Statistics,简称NCES),英国高等教育统计署(Higher Education Statistics Agency)等网站上查找相关数据,在中国国家教育部网站、中国教育统计网、各地方教育科研网站以及各大学网站上查找相关数据和资料,将这些数据根据统计学原理整理并运用到研究中作为论据。

• 比较分析:研究英美等教育强国专业学位的培养模式及其统计数据,分析对比中外专业学位研究生培养模式体系的异同。

1.6.3 研究流程

基于上述分析,对本书的研究流程进行设计。

第一阶段,确定研究问题和理论综述,属于"提出问题"阶段。主要任务是分析研究背景,进行文献综述,提出研究问题,奠定本书的理论基础以及提出可能的创新点。

第二阶段,要素、结构和运行分析,属于"分析问题"阶段。主要任务是对我国专业学位研究生培养模式的系统要素进行划分,确定要素体系,通过建模仿真的方法分析系统结构及其运行机制,阐明系统所具有的功能。

第三阶段,发展策略与结论,属于"解决问题"阶段。主要任务是基于前面的分析提出我国专业学位研究生培养模式的发展策略,并对全书进行一个总结。

具体研究流程如图 1-3 所示：

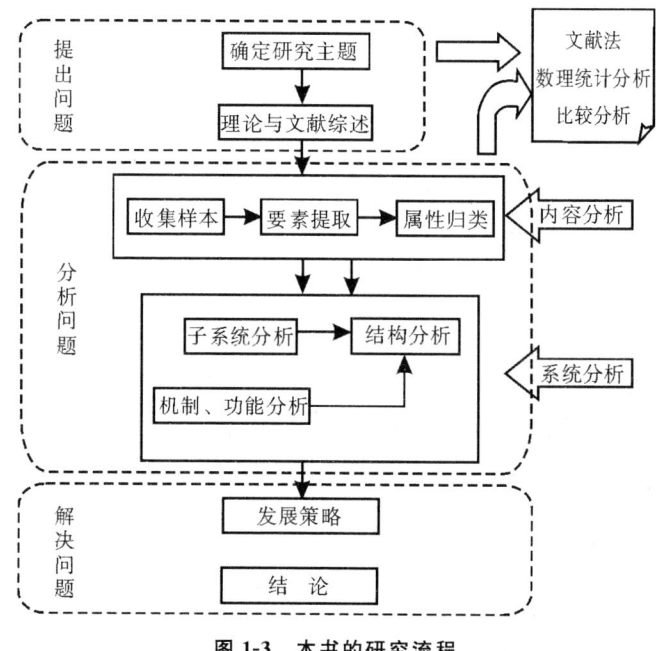

图 1-3 本书的研究流程

1.7 主要创新点

本书来自于教育部研究生教育创新计划项目。通过对国外文献的检索发现,目前大多数国外的研究主要集中在对研究生教育模式的探讨,对专业学位教育的专门研究并不多,并且内容也主要集中在某一院校或者某一学科,讨论的也是作者所在国家的教育情况,和我国的研究并不具有太大的可比性。而从我国的研究中发现,现有的文献或者是对国外专业学位培养经验的介绍,或者是针对当前我国专业学位培养过程中出现的一些问题提出建议,或者是对我国专业学位教育的性质、内涵、特点等进行探讨。从系统论角度探讨我国专业学位研究生的培养模式问题,并分析系统的结构,以及运用实证方法对专业学位研究生培养模式的系统要素进行划分的研究目前并未发现,这也是本书的主要贡献所在。本书具体的创新点如下:

首先,从系统理论的视角研究我国专业学位研究生培养模式的系统结构,建立了我国专业学位研究生培养模式的系统结构模型,并对系统结构的运行模式进行了模拟仿真,无论从视角上还是方法上都具有新意。一方面为系统理论在高等教育研究领域尤其是学位与研究生教育研究领域的应用作出了新的尝试,拓展了系统科学的应用范围;另一方面也为我国高等教育的研究方式作出了新的探索,提供了新的思路。

其次,运用内容分析的方法对我国专业学位研究生培养模式的系统要素进行了划分,提出我国专业学位研究生培养模式的系统要素包括目标、管理、师资、课程、教学、学科、质量、资源和文化。基于这样的划分,为专业学位研究生培养模式下了定义:在专业学位研究生培养情境之中,目标、管理、师资、课程、教学、学科、质量、资源和文化九个要素按照一定的方式组合,并遵循一定的运行规律,培养高层次、应用型专业人才的模型与范式。要素的划分工作解决了当前学界对于"培养模式"要素划分的观点各不相同且缺乏依据的现象,为本书接下来的研究奠定了基础,所划分的两级要素体系也可在将来的研究中发展成为相关指标体系。

最后,建立了我国专业学位研究生培养模式系统结构的系统动力学模型,并对系统结构的运行进行了模拟。研究表明,具有成长上限约束的我国专业学位研究生培养模式受到增强回路和调节回路的双重作用,其发展呈现 S 形的增长模式;要使我国的专业学位研究生培养模式获得持续稳定的发展,关键是在系统增长出现停滞现象之前找到并移除限制因素;我国专业学位研究生培养模式系统具有动态复杂性,各个要素和子系统之间是相互联系、相互制约的关系,管理政策的微小变动可能对培养质量有重大影响。

第 二 章

我国专业学位研究生培养模式研究的理论基础

2.1 系统科学理论基础

2.1.1 要素与系统

学术界关于系统有着各种各样的定义。钱学森提出系统是"由相互作用和相互依赖的若干组成部分结合成的具有特定功能的有机整体"。路德维格·冯·贝塔朗菲（Ludwig von Bertalanffy）则提出系统是"处于相互作用中的要素的复合体"。我国学者汪应洛则提出系统是"由两个以上有机联系、相互作用的要素所组成，具有特定功能、结构和环境的整体"。一般来说，认为系统是由具有特定功能的要素以及要素之间的特定关系所组成的整体，是要素和要素之间关系的集合。系统一旦形成，就能发挥"整体大于部分之和"的系统功能。

要素是构成系统整体的基本单元。系统和要素是相对的概念,一个要素相对于它所在的系统是一个要素,相对于它下属的要素来说就是一个系统。要素可以是单个元素,也可以是由一群元素组成的子系统或者分系统。

现实生活中存在的系统一般都是开放系统。社会系统、经济系统等都是非线性、具有自组织耗散结构的开放系统。系统要素之间相互作用形成系统的动态结构,并在外力的共同作用下使得系统不断发展演化。完全孤立的封闭系统在客观世界中是不存在的,但特定情况下可以将某些系统近似地简化为封闭系统来进行研究。信息在系统中发挥着关键的作用。由于信息反馈的存在,系统要素才得以形成系统结构,系统的运行才能呈现出一定的功能。系统是结构与功能的统一体。

系统具有如下基本特性。

首先是整体性。这是系统的核心特征。系统是由具有特定功能的要素和要素间的相互关系组成的,系统要素及其之间的关系的运行都要服从于系统整体的目的或者功能。系统整体的功能大于部分之和。

其次是关联性。构成系统的各个要素之间具有特定的联系,在这些联系之下,所有要素相互作用、相互关联,共同形成系统的整体结构。

最后是环境适应性。任何系统都处在特定的环境之中,系统不断地和外界环境之间进行着物质、能量和信息的交换。通过这样的交换行为,系统能不断接受来自外界环境改变的信息,从而主动适应环境的变化。

此外,系统还具有目的性、层次性、涌现性、有序性和动态性等特征。

2.1.2 系统结构

路德维格·冯·贝塔朗菲（Ludwig von Bertalanffy）是最著名的主张有机体应该被当作复杂整体来研究的生物学家，他把对生物体开放系统的研究推广到其他领域的开放系统中，提出"复杂现象大于因果链的独立属性和简单总和"以及"系统是相互作用的诸要素的复合体"。1937年，他第一次提出一般系统论的概念。[191]他认为，封闭系统与开放系统之间是有区分的，封闭系统不与周边环境进行任何交换，而开放系统则不断从周围环境获得输入，再以某种形式将输入转化为输出回到环境之中。图2-1是生物系统模型，表示了一个系统通过边界与环境明显分离，又不断与环境之间进行着物质、能量和信息的交换。这个系统具有若干子系统，子系统之间存在着相互关系，每个子系统中又具有下一层的子系统。各个子系统通过一个名为"管理"的子系统实现相互协调。

在这样一个系统中，"输入"和"输出"往往是人们容易观测和控制的，但是系统本身的结构是否就成了完全不能被了解的"黑箱"呢？控制论的观点认为，我们无法直接观测其结构，只能通过输入和输出去认识的系统即"黑箱"，而我们对其内部构成十分清楚的系统称为"白箱"。[186]有些系统，我们对其已知一部分，但又未知一部分，即信息不完全的系统，称为"灰箱"。系统分析的意义，就在于打开"黑箱"，使我们对于系统的结构由不知到知，由知之不多到知之较多，甚至于完全了解。这是一个由"黑箱"到"灰箱"再到"白箱"的过程。系统理论一般认为，系统的结构决定其功能，因此，要使专业学位研究生培养模式系统更好地运行，服务于社会经济的发展与创

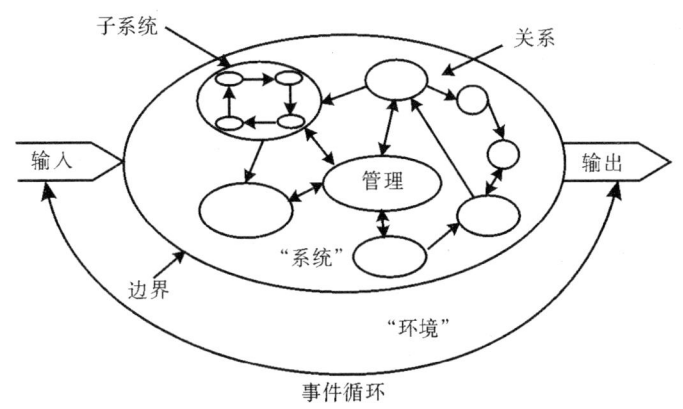

图 2-1　生物系统模型[192]

新型国家的建设,首先必须要打开"黑箱",认识系统的结构。

汪应洛(2003)[186]对系统的结构下了这样的定义:"在构成系统的诸要素之间存在着一定的有机联系,这样在系统的内部形成一定的结构和秩序。结构即组成系统的诸要素之间相互关联的方式。"

我国的系统动力学者王其藩(2009)[193]则认为,"所谓的结构是指单元的秩序。它包含两层意思,首先是指组成系统的各单元,其次是指诸单元间的作用与关系"。

综合以上观点,本书认同在系统理论中,系统的要素与结构一般是指两个不同的概念,系统是要素和要素之间关系(即结构)的总和。然而,要素和结构也不能完全被割裂开来,结构不能脱离要素而单独存在,要讨论系统的结构就一定不可能避开对要素的讨论。

关于系统结构的类型,我国学者苗东升(2007)[194]认为,系统的结构包括空间结构与时间结构、框架结构与运行结构、硬结构与软结构。从这个意义上来看,系统要素之间固定的连接方式(即框架结构)以及系统要素之间的互动方式(即运行结构)都属于结构的范畴。从以往文献的情况来看,要研究系统要素之间的关系,也很难脱离要素之间的互动和运行方式。

基于这样的分析,本书在对我国专业学位研究生培养模式的系统结构进行研究时,将系统要素与运行机制也纳入研究的范围,对要素的研究作为结构分析的基础,对运行机制的探讨作为结构分析的进一步延伸。

2.2 系统动力学理论基础

2.2.1 系统动力学的基本原理

系统动力学(System Dynamics,简称 SD,也被翻译为"系统动态学")的创始人是美国电器工程师和管理学家弗瑞斯特(J. W. Forrester),从 1958 年开始,他陆续发表或者出版了《工业动力学——关于决策的重大突破》(1958)、《工业动力学》(1961)、《城市动力学》(1969)、《世界动力学》(1971)、《增长的极限》(1972)等论文或者著作。大概在 20 世纪 70 年代初,系统动力学已经初步形成并且迅速发展成为一门具有广泛影响的学科。

在此之前,系统研究的对象往往是一些结构良好的简单系统,追求通过精确的计算,选择绝对最优解。但在面对复杂系统时,将复杂性还原为简单性的思维方法遇到了困境,运筹学、博弈论以及控制理论等以精确化和定量化标准寻求问题解决的理论方法难以解决一些无法简化的复杂性问题。系统动力学就是较早出现的打破这一僵局的一种系统理论。我国的系统工程理论专家汪应洛（2007）[186]认为，"系统动力学研究解决问题的方法，关注系统的反馈控制结构及其与系统功能、行为的动态关系，突出定性与定量相结合和计算机仿真技术的应用，直接和集中地体现了系统工程学的诸多特点"。通过系统动力学的理论和方法，对相关系统进行分析并建立包含结构模型和量化分析模型在内的系统动力学模型，并通过计算机技术进行仿真，可以对复杂性问题进行定性和定量相结合的分析，从而预测其发展趋势。正是因为系统动力学的研究方法具有定性和定量相结合的特点，因此它比之前的其他理论方法更适合解决一些复杂性问题，尤其适合那些难以全部量化的社会科学问题。

除了系统论中的一般概念之外，系统动力学还涉及了三个主要概念。

一是"反馈回路"的概念。反馈回路指的是"按一定顺序将产生控制作用的决策变量、系统水平变量和关于系统水平变量的信息变量连接在一起，从调节控制作用的决策变量出发，而后返回到决策变量的闭合回路"[195]。反馈回路的基本形式如图2-2所示：

反馈回路可以分为正反馈回路（＋）和负反馈回路（－）两种。反馈回路表达了系统的内在运行机制，体现了系统结构与功能的统一。复杂系统往往由许多的反馈回路组成，这是复杂系统的重要特征。

二是"流"的概念。系统动力学认为，社会系统的运行过程"就是人员、资金、物资、设备和信息的流动过程"[194]。因此，"流"是系统动力学一个经常出现的概念。人员、资金、物

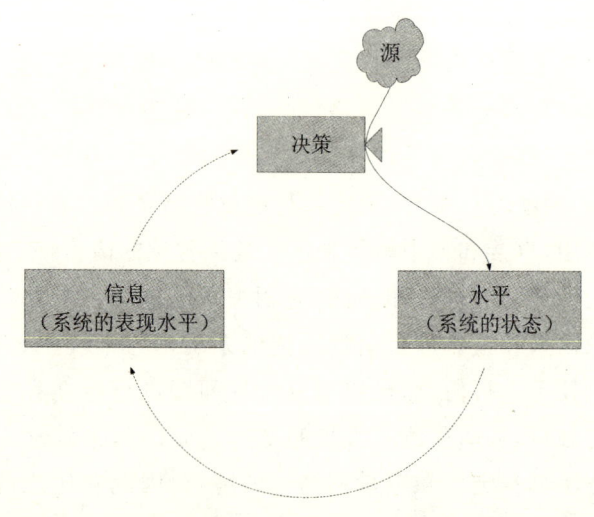

图 2-2 反馈回路[195]

资、设备和信息五种流以及它们流动的渠道、方式、路径、关系等,就构成了系统的"流结构"。对于系统的管理很大程度上就是对于"流"的动态特点和运行规律的把握来实现对于"流结构"的管理。

三是"时延"的概念。"时延"又称"时间延滞"或者"时滞"。t 时刻的因产生的果在 t 时刻不会发生,要在 $t_1 = t + \Delta t$ 时才能出现,这种现象就是时间延迟,Δt 就是时延量。[194] 简单地说,就是系统的输出端要将反馈信息传递到输入端需要一定的时间,这个时间就是时延。时延的概念对于理解复杂系统的振荡性有着重要的意义。管理者在进行系统调节时,由于时延的存在往往不容易意识到调节行为是否已经超过了必要的限度,就有可能造成过度调节,反而对系统的顺利运行起到反作用。

经过近半个世纪的发展,系统动力学的研究对象已经涉及包括企业管理、社会系统、经济系统等在内的许多人文社科领域。20世纪90年代,弗瑞斯特的学生彼得·圣吉(Peter Senge)[196]出版了著作《第五项修炼——学习型组织的艺术与实务》,提出了"学习型组织"的概念。他将自我超越、改善心智模式、建立共同愿景、团队学习以及系统思考归纳为学习型组织的五项技术,称之为五项修炼。其中,系统思考是"整合其他各项修炼成一体的理论与实务"[196],它"强化其他每一项修炼"[196],并且体现了整体大于部分之和的系统功能。圣吉给出了九个系统基模,分别是反应迟缓的调节回路、成长上限、舍本逐末、目标侵蚀、恶性竞争、富者愈富、共同悲剧、饮鸩止渴和成长与投资不足。这九个基模分别代表了九中常见的违背系统思考规则的形式。在这些形式中,管理者往往看不到系统整体而只是注意到了局部,因此无法找到能够迅速而简单地解决系统问题的杠杆解。圣吉认为,小而专注的行为,如果用对了地方,就能产生重大而持久的改善,此项原理称为"杠杆作用"(leverage)。[196]彼得·圣吉关于学习型组织的理论是对管理科学的贡献,而他关于系统思考以及系统思考对其他几项修炼的整合与统摄作用的论述,则凸显了系统理论的深刻内涵。

  关于系统思考,系统科学的几位代表人物如贝塔朗菲、钱学森、切克兰德等都有所阐述,但圣吉是第一个系统阐述系统思考的人。系统思考作为"第五项修炼",是将其他四项修炼整合在一起互动的核心因素。简单地说,系统思考主要就是通过找出各变量之间的因果反馈关系来分析复杂现象背后的系统结构,并找出杠杆解(leverage)。丹尼斯·舍伍德(Dennis Sherwood,2008)[197]在《系统思考》一书中这样表述:"对系统的研究实际上就是对系统构成组件之间的连接的研究",

"系统思考的精髓是,处理真实世界中复杂问题的最佳方式就是用整体的观点观察周围的事物。"系统思考认为系统的结构决定其功能,相比于系统动力学之前的硬系统科学仅考察系统的输入与输出而把系统内部结构视为"黑箱"的做法,系统动力学显然为研究系统内部结构提供了一个有力的工具。

2.2.2 系统动力学的建模方法

系统动力学具有独特的模型方法,使用的是计算机仿真模型,模型的主要组成部分包括因果关系分析、流图分析以及计算机程序等。建模过程中首先对系统进行分析,找出反馈环和时延,这是一个关键步骤,接着在因果关系的基础之上设计流图模型,之后进行从定性到定量的转化,把流图模型转化为结构方程式。最后通过计算机模拟运行,通过对结构或者参数的调整来进行政策的实验。

系统动力学模型的特点包括:

多变量。系统动力学所研究的对象系统大多是复杂的动态系统,因此具有多变量的特点。

定性与定量分析结合。系统动力学模型由结构模型以及数学模型组成。从系统分析、因果反馈结构、流图模型到计算机仿真的建模过程,就是从定性到定量的研究过程。

以计算机仿真实验作为主要手段。系统动力学实质上就是一种计算机仿真分析方法。

可处理高阶、多回路和非线性的复杂系统问题。系统动力学适合被用来解决复杂系统的问题,尤其是难以全部量化的社会经济系统问题。

系统动力学的工作程序如图 2-3 所示。

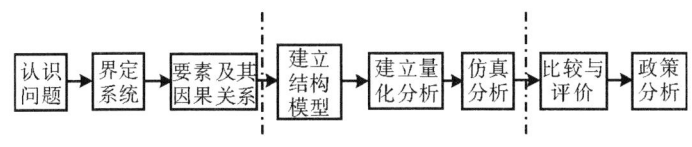

图 2-3　系统动力学工作程序示意图[186]

系统动力学建模的时候强调面向问题、解决问题,对系统分析的时候遵循从上到下、由粗到细、逐步分解的程序。具体每一个步骤工作程序的含义如下。

认识问题。认识问题是建模的主要目的。因此,从一开始就应立足于实际应用,突出要解决的主要问题。如若不然,可能导致最终得到的政策建议无法实行而使工作陷入盲目的状态。

界定系统。界定系统的过程就是确定系统的边界,决定哪些部分应该被划入系统内部,哪些部分应该作为环境而与系统区分开来。系统内部的结构决定了系统的动态行为模式,因此,对系统进行明确的界定是很有必要的。

要素及其因果关系。要研究系统的反馈结构,就需要首先确定系统由哪些部分组成,分析系统整体与局部的关系,进而确定因果关系链,并将它们联结在一起形成回路。

建立结构模型。在明确系统内部因果关系回路的基础上,确定回路中的水平变量和速率变量,完善各个变量的子结构,确定决策函数。

建立量化分析。要对模型进行模拟,就必须对其进行量化分析。这一步骤主要是建立数学的规范模型。首先建立方程,确定与估计参数,然后给方程和表函数赋值。

仿真分析。在仿真模型的基础上,进行模拟实验。

比较与评价。对仿真结果进行比较、分析、讨论与评价。

政策分析。分析并有针对性地提出合理有效的政策建议。

没有一个模型是十全十美的,在系统动力学的建模过程中,还应不断地对模型进行修改与调试。系统动力学被称为"战略与策略实验室",它是现实生活的简化,因此,建模时不应追求对实际系统的完全复制。

2.2.3 系统动力学在高等教育研究领域的应用

随着系统动力学自身的发展以及跨学科交叉研究的不断深入,系统动力学也越来越多地被应用到了高等教育的研究领域。K. G. Viswanadhan(2004)[198]运用系统动力学的方法研究印度的工程教育问题,提出了工程教育的评估方式,并建立了一个质量评估模型以及一个质量修正模型。K. Warren 和 P. Langley(1999)[199]把系统动力学应用到管理学教育的研究中,描述了管理学教育的发展、结果导向学习机制的建立以及未来的研究方向。陈其晖(2005,2007)[200,201]等人建立了高校发展战略的决策模型,并以成人高校为实例进行了建模和仿真。从文献的情况来看,将系统动力学与高等教育研究联系起来的文献并不太多,且国内很大一部分在高教领域提出运用了系统动力学的文献只是基于因果反馈的分析,并没有建立流图模型并进行仿真分析。

2.3 自组织理论概述

2.3.1 自组织理论的基本原理

1900年,法国学者贝纳尔德(Benard)发现液体在被加热到一定程度时会表现出特定的规则六角形图案,这样的图案除了持续加热之外,无须外界其他的干预就能自发形成。除此之外,激光的产生、生命有机体的发育和生长以及社会组织的运行等,也常常被人们认为是自组织的典型例子。这些自组织的现象告诉我们,一个自组织的高效系统通常应具备自身特定的结构且从外界不断地吸收特定的能量,除此之外,没有其他外力特别的干预。

一般情况下,自组织是指系统在演化过程中,在没有外部力量强行驱使和维持充分的物质、能量、信息交换的情况下,系统内部各要素协调动作,导致空间的、时间的或功能上的联合行动,出现有序的活的结构。[202]反之,如果一个系统是由外部力量驱使形成的,那么这个组织就被称为他组织。自组织具有自发性、局域性、不确定性和涌现性的特点。[194]自发性指的是系统内的各个组分并不具有统一的目标,而是自发行动;局域性指的是系统内每个组分的作用都有其局限的范围;不确定性指的是系统各个组分的自发行动会带来系统整体行为的不确定性;涌现性指的是系统的自组织行为会带来系统新的功能。

自组织理论是自20世纪60年代末期开始建立并发展起

来的一种系统理论。它主要源于物理、化学、生物等自然学科,比利时理论物理学家和化学家普利高津(I. Prigogine)和德国科学家哈肯(H. Haken)为建立自组织理论作出了奠基性的贡献。它以耗散结构理论和协同学原理为核心内容,其基本含义是一个系统只有在开放、远离平衡态和内部不同要素或子系统之间存在非线性相互作用的条件下,通过涨落放大使得控制参量的变化达到一定阈值时,系统才能发生突变,自行从混沌到有序,从简单到复杂地演化。自组织理论以系统的自组织现象为研究对象,它的出现解释了系统内在运行的形式、机制和结果,即在一定条件下,系统是如何自动地由无序走向有序,由低级有序走向高级有序的。以自组织理论为工具探索人类社会的运行规律,有助于我们提高认识,优化资源配置,从而推动社会系统的演化。

自组织理论是由多个不同的理论组成的理论群。这些理论从不同角度为自组织的形成提供了不同的理论基础和方法论。耗散结构理论深刻地揭示了自组织现象形成的环境与产生条件;协同学较多地涉及了自组织形成的内在机制;超循环理论阐述了系统自组织演化的具体形式以及结合发展的过程;而突变论则着重剖析了自组织演化的途径;混沌动力学和分形理论则对系统走向自组织过程中的时间复杂性和空间结构与特性进行了解释和描述。[203]虽然学科背景不同,概念和方法各异,但它们却共同揭示了组成一个宏观系统的大量子系统,如何有可能自己组织起来,实现从无序到有序进化的一般条件、机制和规律性。20世纪下半叶,除了从无序到有序(或从较低级有序到较高级有序)的进化外,还有从有序到无序(或从较高级有序到较低级有序)的退化,以及从宏观有序态到远离平衡的混沌态或不同远离平衡的混沌态之间的更替,即通常所说的"复杂性研究"或"非线性研究"。[204]下面主要就耗散结构理论以及协同学作一简要介绍。

耗散结构的概念是相对于平衡结构的概念提出来的。普利高津从热力学第二定律出发,通过研究非平衡态热力学,指出一个远离平衡态的开放系统,在外界条件变化达到某一特定阈值时,量变可能引起质变,系统通过不断地与外界交换能量与物质,就可能从原来的无序状态转变为一种时间、空间或功能的有序状态,这种远离平衡态的开放的结构称为"耗散结构"。一个系统如果要成为耗散结构,必须同时具有开放性、远离平衡态、内部组分之间存在非线性作用以及存在涨落现象四个方面的特点。

协同学是由德国科学家哈肯创立的一门跨学科的理论。哈肯认为系统演化的动力是系统内部各子系统之间的竞争和协同,而不是外部指令,只有如此的系统才是自组织系统。他指出系统内部通过竞争而协同,从而使竞争中的一种或几种趋势优势化而形成序参量,并因此支配整个系统自组织地从无序走向有序。系统内部的诸要素或子系统之间的竞争是永存的,竞争是协同的基本前提和条件。它一方面造就了系统远离平衡态的自组织演化条件,另一方面推动了系统向有序结构的演化。所谓协同就是系统中的诸多子系统的相互协调、合作或同步的联合作用,集体行为。协同是系统整体性、相关性的内在表现。竞争和协同是系统的两种动力方式。

2.3.2 自组织理论在高等教育研究领域的应用

自组织理论自产生以来,无论是在自然科学领域还是在人文社科领域都得到了广泛的应用。教育研究领域中运用自组织理论的文献屡见不鲜。例如,Tsao-Lin Fong(1994)[205]基于对自组织理论的相关概念在东西方文化中的差异,讨论了中国教育中自组织理论的应用。Marklyn P. Champagne, RN 和 Leslie W. Walker-Hirsch(1982)[206]开发了一套针对智力残障人士社会行为教学的自组织系统。在高等教育领域,西方的学者更多的是采用了"self-organized"或者"self-organization"的概念,作此类研究的有 David W. Soskice (1993)[207]、Burton R. Clark(1996)[208]等。而在我国,近年来也有不少研究将自组织理论应用在高等教育领域。李爱彬等(2007)[209]运用自组织理论的原理分析了高校学科建设系统的性质,并提出了促进学科建设系统高效运行的三种路径。还有的学者[210,211]对教学系统的自组织特性和机制进行了研究。自组织理论在高等教育研究领域应用的日益深入,体现了当今学科交叉的趋势,深化发展了自组织理论的应用范围,也拓宽了高等教育研究的思路。这样的思路为本书所借鉴。

2.4 模式研究方法和研究生教育模式论

2.4.1 教育学研究中的模式研究方法

随着对"模式"研究的不断深入,"模式研究"也逐渐成为认识和分析客观事物的一种重要的分析方法。我国学者李盛兵(2005)[20]这样定义"模式研究":"模式研究是以一种简约、抽象、结构的方式对复杂研究对象进行描述、分析的研究,从而在整体上和本质上把握事物存在的主要形式、特点、结构及运动规律。"他认为模式研究兼具归纳和演绎的方法,一方面"从现实中抽取出事物的根本特征和规律",归纳为模式,另一方面"把研究对象的复杂要素、环节、背景等置于设计好的模式或模型之中进行分析、研究",演绎现实。[20]我国学者查有梁(1997)对教育学科的模式法有着深入的研究,他提出模式是理论与实践的中介,"从实践出发,经概括、归纳、综合,可以提出各种模式,模式一经被证实,即可能形成理论;也可以从理论出发,经类比、演绎、分析,突出各种模式,从而促进实践发展",[21]如图2-4所示:

理论⇆模式⇆实践

图2-4 查有梁提出的模式方法示意图[21]

查有梁将定性教育建模的基本程序概括为建模目的、典型事例、抓住特征、确定关键词、简要表述、具体实施、形成子模式群、建模评价八个步骤,将定量教育建模的基本程序概括为建模目的、认识原型、初步尝试、数学模型、求解方法、实施程序、最终模式、建模评价八个步骤。他认为教育建模大多是定性建模,区域性教育发展宏观模式则通常采用定量建模。

模式研究的方法日益广泛地应用于社会科学和自然科学的研究中,它并不是一种独立的、具体的学科研究方法,而是借鉴了模型研究的方法,并吸收了系统论的相关原理。查有梁认为,"模式"与"模型"有着非常相近的意思,所不同的是,"模式"更多地在社会科学领域出现,而"模型"则往往在自然科学领域内使用。[21]

2.4.2 研究生教育模式论

我国学者薛天祥(2001)[126]认为研究生教育模式的产生与发展是社会生产发展到一定阶段的产物。他将研究生教育模式分为四种类别。

(1)学徒式研究生教育模式

在德国的研究生教育(博士教育)中,学生以科研助手的形式跟随导师从事科学研究,并通过这些工作取得学位。由于这种教育形式具有"艺徒教育"的特征,被称为"学徒式"研究生教育模式。学徒式研究生教育模式的影响十分深远,直到现在许多研究生教育尤其是博士生教育的模式仍然采用学徒式的研究生教育模式。

(2)研究生培养的专业化模式

霍普金斯大学的成立标志着美国研究生教育制度的形成。霍普金斯大学建立了研究生院,使得通过教学与科研结合培养高层次人才的研究生教育得以规范化、规模化和专业化。这就形成了研究生教育的专业化模式。这一模式保证了研究生教育的学术水平,为大规模开展研究生教育并通过培养研究生满足社会经济发展需求提供了基础。

(3)产学研合作的研究生培养模式

产学研的结合不但能促进科学技术的发展,提高生产效率,同时也是一种新的和有效的人才培养模式。高校和科研机构在与产业合作共同承担研究任务的过程中,联合起来培养高层次的人才,所培养的人才可能就在合作的产业中就业。这是研究生培养模式的新特点。

(4)教学式研究生教育模式(专业学位)

教学式研究生教育模式也就是专业学位研究生的教育模式。这种教育模式主要以培养本科以上高层次实际工作者为目标,主要强调研究实际问题以及解决问题的能力,并不要求做高深的理论研究。

教育模式与培养模式是一对十分近似的概念,在实际应用中,往往被学者们不加区分地使用,因此大量关于研究生培养模式的研究也属于研究生教育模式研究的范畴。当前我国有大量关于研究生培养模式的研究,聚焦于研究生培养模式的概念、类别、评价、创新性和国际比较等内容。薛天祥(2001)[126]认为,当前国外研究生培养模式的发展动向大概包括培养目标多样化、研究生课程设置更加实用化、研究生教育结构时代化、研究生教育方式专业化和模式化以及协作式培养研究生模式越来越具有生命力五个方面。

2.5 专业学位研究生教育的研究进展

2.5.1 专业学位研究生教育的内质性问题

专业学位是相对于学术型学位而言的一种学位类型,培养的是适应社会特定职业或岗位的实际工作需要的应用型高层次专门人才。在层次上看,专业学位与学术型学位对等,二者的培养目标各有侧重。

关于专业学位教育的特点,刘国瑜(2005)[44]认为是职业性、学术性和研究性,邹碧金(2000)[45]则认为是实践性、职业性和综合性。

要讨论专业学位研究生教育的内质性问题,往往与所选取的参考系密不可分。更多的情况下,专业学位被和学术型学位进行比较,通过二者的异同点反映专业学位教育的特殊要求。学术型学位教育以培养从事科学研究工作的教学、科研人员为培养目标,而专业学位教育则以培养高层次、应用型专业人才为培养目标。从培养特点来看,学术型学位更侧重研究性或者说是学术性,而专业学位则更侧重实践性、职业性等方面的特点。二者在入学形式、教学方式以及论文写作等方面都存在许多不同。

总体来说,关于专业学位教育的概念、属性、特点以及培养方式等问题,学界并无太大争论。更多的研究焦点集中在探讨专业学位教育培养过程中出现的问题以及解决方式上。

2.5.2 专业学位研究生教育的发展问题

由于我国专业学位教育发展的起步较晚、起点较低,目前还存在着许多问题。国务院学位办在2002年发布的《关于加强和改进专业学位教育工作的若干意见》中指出,当前我国专业学位教育出现的问题包括对专业学位教育的重要性认识有待进一步提高,专业学位教育规模偏小,优秀教材与案例缺乏,师资总体水平有待提高,专业学位与职业或岗位任职资格之间的衔接不够紧密,质量保证措施尚需完善,等等。时至今日,这些问题有的已经有所改善,有的依然比较严重。例如通过各方的努力以及一系列文件的发布,专业学位教育的类别已经大大增加,所受到的重视程度也是空前的。目前,我国已基本形成了以硕士学位为主,博士、硕士、学士三个学位层次并存的专业学位教育体系。硕士层次专业学位有金融硕士等

39种,博士层次专业学位有口腔医学等5种,学士层次专业学位有建筑学1种。[254]无论从层次上还是类别数量上都取得了巨大的飞跃,然而在师资、教学、质量保障等方面还存在着许多不足。

翟亚军等(2006)[229]从八个不同的视角辨析了我国专业学位研究生教育的发展问题。

(1)职业性:专业学位的基本属性。要辩证地看待专业学位的职业性属性,在遵循其职业性属性的前提下,也要注意专业学位的学术性要求。

(2)边缘与中心:专业学位的层次定位。专业学位不是学术型学位的附庸或者补充,而是和学术型学位处于同一层次的学位类型,二者仅在培养规格上略有侧重。

(3)关联与共生:专业学位与科学学位及职业资格的关系。专业学位以硕士学位为主导,系统内部层级跃迁以及跨域跃迁存在阻碍,专业学位向科学学位的跃迁渠道也存在着窄化的现象。专业学位与职业任职资格缺乏有效衔接,使得专业学位缺乏有效的约束机制以及发展动力。

(4)发展与协调:基于规模的视角。专业学位教育无论在绝对规模还是相对规模上都存在着过小的问题,与社会日益增长的发展需求存在着矛盾。

(5)延伸与拓展:基于结构的视角。我国专业学位类型结构单一,无法适应日益扩大的专业领域的需求;层次结构张力不足,主要还是以专业硕士学位为主。

(6)期望与落差:基于效益的视角。一方面,个别学校片面追求规模和短期经济效益,降低了专业学位教育的培养质量,影响了专业学位教育的声誉。另一方面,个别专业学位获得者的水平不尽如人意,造成对专业学位教育回报的过高期望和现实落差的矛盾。

(7)控制与引导:专业学位教育的质量保证。专业学位教育的微观质量保证体系容易以科学学位为蓝本,难以体现专业学位特点。专业学位教育的宏观质量保证体系中,政府职能不清,行业话语权缺失。专业学位教育评估体系有待进一步完善。

(8)借鉴与创新:专业学位的本土化与国际化。在借鉴国外先进经验的基础上,如何积极探索适合我国国情的专业学位教育制度,创新我国专业学位的发展路径,我们还有很长的路要走。

2.6　本章小结

本章从系统科学理论基础、系统动力学的理论基础、自组织理论概述、模式研究方法以及研究生教育模式论和专业学位研究生教育的研究进展五个方面对相关理论进行了整理和综述。阐述了要素、系统和系统结构的基本理论;介绍了系统动力学的主要概念、基本原理和建模方法以及自组织理论的基本原理和应用;讨论了教育学研究中的模式研究方法,对研究生教育模式论进行了介绍;从内质性和发展性两个角度讨论了专业学位研究生教育的研究进展。专业学位研究生培养模式是一个复杂的动态系统,其内部包含有不同的要素、子系统及其之间的联系。本章从不同的层面论述和我国专业学位研究生培养模式有关的理论进展,为下文的分析和建模奠定了坚实的基础。

第三章

我国专业学位研究生培养模式的系统分析

3.1 系统边界的确定

专业学位研究生培养模式是相对于传统的学术型学位研究生培养模式而言的,二者是按照不同的研究生培养目标而进行的分类。根据上文的定义,专业学位研究生培养模式是指在专业学位研究生培养情境之中,培养目标、课程、师资等要素按照一定的方式组合,并遵循一定的运行规律,培养高层次、应用型专业人才的模型与范式。而学术型学位则以培养教学和科研人才为目标,二者在课程、师资、论文要求等许多方面都存在着明显的不同。从时间的纵向角度来看,专业学位研究生培养过程中的入学、培养、考核、论文、学位授予等均属于专业学位研究生培养模式的研究范畴;从横向上看,专业学位教育的培养目标、课程、师资、学科等都是我国专业学位研究生培养模式的系统要素。

系统科学的根本范畴在于研究系统的结构与功能。因此,对我国专业学位研究生培养模式进行研究,就不可避免地要着眼于研究系统的结构,即要素和要素之间的关系,以及这样的系统结构是如何产生和发挥其功能的问题。可以说,我国专业学位研究生培养模式系统的建设过程就是一个对现有资源重新分配以及对运行规则重新调整的过程。这一过程的主要活动包括对管理制度的优化、对课程资源的调整、对师资水平的提升以及学科的合理选择和安排等。我国专业学位研究生培养模式的发展,关键就在于这一过程的执行水平。

3.2 我国专业学位研究生培养模式的特征分析

3.2.1 专业学位研究生培养模式的本质特征

关于专业学位教育的特征或者属性,有学者从不同的侧面进行过阐述。例如邹碧金、陈子辰(2000)[45]认为专业学位的基本属性包括职业性、实践性和综合性;史雯婷(2004)[46]提出专业学位研究生教育的基本属性包括专门的知识属性和独特的职业性;而刘国瑜(2005)[44]则认为职业性、学术性和研究性是专业学位研究生教育的三大基本特征。

在这些论述中,"职业性"被认为是专业学位教育最不可或缺的一个根本属性,其他的表述如实践性等都是从职业性的角度出发而来的。此外由于专业学位研究生教育是一种培养高层次人才的教育形式,授予学位并且对培养对象的学术能力还是具有一定要求的,因此学术性、研究性、知识性或者是强调"知行合一"的综合性也被认为是专业学位教育的重要属性。虽然表述方式有所差异,但是从学术和职业两个角度去考虑专业学位研究生教育的特征是学者们的共同观点,为本书深入研究我国专业学位研究生培养模式的特征奠定了基础。

基于这些观点以及上文对专业学位研究生培养模式的概念分析,本书提出专业学位研究生培养模式的本质特征包括职业导向性和知识发展性两个方面。

3.2.1.1 职业导向性

职业导向性指的是专业学位研究生培养模式中各个环节的设置都应符合职业的特定需求的这一特性。

专业学位一词来源于英文中的 professional degree,也被译作"职业学位"。顾名思义,这就是一种以获得某种职业为目的而设置的学位类型。国外文献中并没有对专业学位有一个很准确的定义,而美国教育部2002年颁布的学科专业目录(CIP—2000)对"第一专业学位"的定义为"为从事某特定职业而需要获得的学位,要求经过中学后教育并掌握该职业所学的基础知识和专业技能"。其中特别强调了这是一种为从事某种特定职业而必须获得的学位。从实践上看,美国是国际上专业学位发展最为成熟、最具代表性的国家,具有一套比较成熟的许可制度,在行业内制定职业准入标准,对于部分职业来说,是否获得相应的专业学位是进入行业的门槛之一。可以说,以行业的需求为导向、以获得某种职业为目标是国际上专业学位研究生培养模式的普遍特点。

在我国,职业性同样是专业学位教育的重要特点,专业学位研究生培养模式的建立必须以职业的需求为导向。国务院学位办《关于加强和改进专业学位教育工作的若干意见》(学位〔2002〕1号)中明确指出"专业学位,或称职业学位,是相对于学术性学位而言的学位类型,培养适应社会特定职业或岗位的实际工作需要的应用型高层次专门人才"。随着社会和经济的不断发展,行业对于人才知识、能力和素质方面的要求都在不断提高,专业学位教育的设置正是为了适应这一需要。在我国20多年的专业学位办学过程中,从专业的设置、课程的安排、对产学研合作的重视等方面无不体现了职业导向性的培养模式特点。

专业学位研究生的培养模式具有职业导向性的特征,指的是专业学位教育在其培养人才的各个方面和全过程中,都体现出面向特定职业需求的特点。这一特征具体表现在以下四个方面:

首先,以培养高层次、应用型人才为培养目标。强调人才培养的职业性、应用性、实践性。例如《法律硕士专业学位研究生指导性培养方案》(学位办〔1999〕41号)中关于法律硕士的培养目标是这样界定的:"法律硕士专业学位是具有特定法律职业背景的专业学位,是为实际部门培养德才兼备的、适应社会主义市场经济和社会主义民主、法制建设需要的高层次的复合型、应用型法律专门人才。"要求学位获得者具备职业所要求的知识、能力和思维特征,能够在立法、司法、行政执法、法律服务与法律监督部门以及经济管理、行政管理和社会公共部门提供专业化的工作服务。

其次,对入学者有一系列要求,使其能够符合培养需求,适应未来从事某一行业的需要。这些要求包括学历、考试成绩、年龄、工作经历、工作业绩等,其中对于学历和成绩的要求保证了学习者能具备基本的学习能力和研究水平,而对工作经历和资历的要求最能体现专业学位研究生培养模式的特点。例如,报考工商管理硕士(MBA)一般需要有几年的工作经验,而报考高级管理人员工商管理硕士(EMBA)不但对工作年限有更高的要求,对于工作业绩、管理经验也有一定要求。这就保证了专业学位硕士能够比一般的学术型学位硕士具备更强的实践能力,也更符合行业的需求。

再次,在培养过程中,师资、课程、教学等各方面都体现职业性的特点。专业学位一般采用双导师制,对于教师的学历层次、专业水平、行业工作经验等都有一定的要求;课程上采用模块式课程体系,具有较强的实用性和灵活性,并加强了实践环节的设置;教学上讨论、实验、案例教学等手段被广泛使用;创新产学研合作形式,建立产学研合作基地。这些培养方式都和学术型学位研究生的培养模式有所区别,使得所培养的研究生能够更多地了解行业的实际情况,掌握更多适合职业需要的知识和能力。

最后,鼓励应用性的学术研究,强调学位论文的实用价值。专业学位教育更强调培养学生综合运用所学的理论和知识去解决实际问题的能力,因此学位论文更多地体现实用性的特点,大多是针对实际问题的对策研究。在美国的一些高校和部分专业中,专业学位硕士甚至不要求撰写学位论文,只要提交一篇实习报告或者综述类论文即可毕业。而在我国则基本上都要求研究生提交符合要求的学位论文,论文以应用研究为主。在专业学位研究生学位论文的评阅与答辩过程中,要求有具备一定职称要求的实际生产部门的专家参与。

3.2.1.2 知识发展性

知识是人类在探索自然和社会的过程中所得到的认识和经验的总和。所谓的知识发展性,指的是专业学位研究生的培养模式具有能够促使研究生通过一系列的课程学习、产学研合作、应用型科研等活动学习和创造知识的特点。

专业学位研究生培养模式之所以具有知识发展性的特点,表现有二:一是专业学位教育通过课程学习、产学研合作以及科研活动等实现了知识的传递;二是专业学位教育通过开展一系列应用研究实现了知识的创造和创新。知识的传递和创造过程可以用组织学习的相关观点来给予解释。

知识的存在形式主要有两种,一是显性知识,一是隐性知识。表 3-1 体现了知识在组织内转化的四种模式:组织内的成员在交流和互动中共享了隐性知识,这一过程称为知识的"社会化";团队成员共同总结、归纳,将隐性知识转化为显性知识,这一过程称为知识的"外化";成员之间通过学习活动获得显性知识,这一过程称为知识的"合并";通过对知识的内化将学习获得的显性知识转化为个体的隐性知识,这一过程称为知识的"内化"。知识的转化过程没有起点或者终点,每一个循环过后就进入下一个循环,知识的总量在这些循环往复的过程中不断增加。

表 3-1　组织知识转化的四种模式[248]

组织知识转化的模式	知识的转化
社会化(socialization)	隐性知识→隐性知识
外化(externalization)	隐性知识→显性知识
合并(combination)	显性知识→显性知识
内化(internalization)	显性知识→隐性知识

在专业学位研究生的培养过程之中,研究生及教师们通过一系列的学习活动,如课程学习、产学研合作、社会实践等与教师、导师、同学、行业专家等进行交流互动,获得了大量的

隐性知识(也包括显性知识),又通过科研活动将这些隐性知识进行归纳总结,成为显性知识,显性知识通过课程学习等活动传递给更多的研究生,他们在实践中不断地将习得的知识进行内化,将原理、规律等不自觉地通过自己的行为体现在实践之中。这样的过程循环往复,知识的总量也随之不断增加。因此可以说,专业学位教育具有知识发展的功能,专业学位研究生的培养模式具有知识发展性的特征。

3.2.2 专业学位与学术型学位研究生培养模式的特征比较

专业学位是相对于学术型学位而设立的一种学位类型。要分析专业学位研究生培养模式的特征,首先要比较其与学术型学位研究生培养模式的区别。专业学位和学术型学位研究生培养模式的特征在培养目标、管理、培养过程、质量保障和支撑条件几个方面都存在区别。

• 培养目标上学术型和应用型的区别

专业学位教育的培养目标是培养高层次、应用型的人才。而学术型学位教育的培养目标是培养从事学术研究工作的教学、科研人员。这是二者之间的根本区别。

• 管理方式上行业介入程度的区别

专业学位的教育指导委员会、师资队伍、论文评阅专家、答辩委员会等都要求有一定数量的行业专家参与。专业学位教育评价标准的制定、与职业任职资格的挂钩,都需要行业或者行业协会的介入。而学术型学位则没有此要求。因此可以说专业学位研究生培养模式在管理方式上具有更强的行业介入性。

- 培养过程中所采用方式方法的区别

专业学位教育采用校内外双导师制,而学术型学位教育则采用单一学术型导师制结合学科导师组的指导方式;专业学位教育采用模块式课程体系,而学术型学位教育则采用学科式、系统化的课程体系;在教学方式上专业学位多采用案例教学、实验教学等形式,而相比之下学术型学位教育则以理论学习与研究为主,没有太多强调这些教学方法;专业学位主要选择那些与职业联系紧密、具备专业学位办学条件的学科来开展,而学术型学位则强调学科的全面性、系统性,其领域包括许多并不直接和生产实际相联系的基础学科。

- 质量保障体系中论文评价标准的区别

专业学位研究生的学位论文要求理论联系实际、进行应用型研究,评价时主要看是否能体现一定的新见解或者具有实用价值,甚至可以是一篇调查报告或者案例研究。学术型学位研究生的学位论文要求有原创性的科研成果,注重理论上的创新以及严密的逻辑推理。

- 支撑条件中政策与氛围的区别

在收费政策上,专业学位全日制研究生的学费收费应按照"不高于本校现行普通专业学术型自筹经费研究生的收费标准"[249],对于非全日制学习且有一定经济能力的培养对象,如高级管理人员工商管理硕士(EMBA)等,则可以适当提高收费。学术型学位研究生如果录取类别为国家计划内研究生,则可以享受免学费的待遇。从对环境氛围的要求来看,专业学位研究生教育鼓励创新、求实、注重理论联系实际和解决实际问题的氛围,而学术型学位研究生教育则更强调严谨、理性、注重理论创新的氛围。

3.2.3 我国与美国专业学位研究生培养模式的特征比较

同为专业学位研究生的培养模式,我国与国外的情况也存在着差异,美国是国际上专业学位教育发展最为成熟的国家,具有代表性,因此需要比较中美专业学位研究生培养模式的差异,从而发现我国专业学位研究生培养模式的特征。

• 培养目标上的一致性

中美两国专业学位研究生教育的培养目标从根本上来说是一致的。我国专业学位教育的培养目标是培养高层次、应用型的人才。美国专业学位教育的培养目标根据学校、专业的不同而有着不同的表述,例如,哈佛大学的教育博士提出"培养大学教师、高级教育领导、决策者与研究人员"[250],沃顿商学院工商管理硕士(MBA)提出培养"全球商业环境中的组织领导者"[251],斯坦福大学教育学院提出要培养"在任何文化背景下都能成为教育领导者的学生"[252]。培养的方向十分明确,要将学生培养成为针对某一职业的、高层次的、应用型的人才。

• 管理制度上集权与分权的差异

我国的高等教育采用的是中央集权的形式,由中央政府通过制订计划、教育立法、财政拨款以及质量监督等手段直接对高等教育活动进行管理。对于专业学位来说,由国务院学位委员会和教育部联合相关专业部委成立全国性的专业学位教育指导委员会,协调专业学位教育活动、制定专业学位培养方案、实施师资培训和教学评估,对专业学位教育实施指导、监督和咨询的职能。

美国的高等教育采用的是地方分权的形式,其典型特点是社会力量的广泛参与。美国政府的教育部是一个一般性的指导和咨询机构,并没有直接管理高等学校的权力。具体的政策制定以及管理行为是地方州政府的责任,各州的管理机构和组织结构也各有区别。此外,美国有一批社会中介机构作为专业的认证机构对教育质量进行评估,是社会力量参与高等教育监督的一个重要体现。美国的高校也具有很大的自主权,在人事、学科、科研等方面都不依赖政府。

- 培养手段上的借鉴与发展

美国是专业学位教育发展最为成熟的国家,其课程设置、师资配备、产学研合作等方面的做法都有许多可资借鉴的地方。我国自1991年始设专业学位以来,一方面积极向国外学习先进的培养经验,例如模块式课程体系、双师型导师设置、案例教学、启发式教学等,另一方面也不断探索适合我国国情的专业学位发展之路。

- 质量保障体系中社会参与程度的不同

我国专业学位教育的质量保障体系主要是由上一级部门对下一级部门的考核与监督来实现的。在大学内部由高校和院系负责专业学位培养的部门对其教学和培养活动进行考核和监督,在大学外部由专业学位教育指导委员会对各学位授权点进行监督和评估。而美国除了在大学内部具有严格的考核和监督机制之外,在大学外部还有一系列的社会中介组织参与到对高校的评估中来,实行由政府、社会和高校三方共同参与的认证、认可和许可制度。

- 支撑条件的差异

我国的高等教育经费长期处在一个不足的状态,根据教育部、发改委和财政部的相关规定,专业学位研究生属于"国家没有安排拨款的研究生"[253],经费的来源更显单一。而美国的高等教育经费来源十分丰富,政府、企业、银行、基金会以及学生个人都是渠道之一,政府高等教育投入占GDP的比例远高于中国。

从文化的角度来看,美国长期以来占主导地位的是实用主义的思想,这为专业学位在美国的出现、生长和完善提供了有益的文化土壤。而我国的传统文化虽然重视教育,但却有着"重学轻术"的传统,长期以来无论是基础教育还是高等教育都围绕着各种各样的考试来进行,忽视了对学生创新精神和实践能力的培养;同时,由于学术型学位的长期存在,专业学位发展时间短且存在许多不足,社会上对于专业学位教育存在着许多误解和歧视,这些都成为专业学位教育在我国发展的阻碍。

3.2.4 全日制与非全日制专业学位研究生培养模式的特征比较

专业学位研究生的培养模式具有职业导向性和知识发展性的特征。在专业学位研究生教育之内,还有全日制专业学位研究生教育与非全日制专业学位研究生教育的区分,二者的培养模式同样存在着区别。对二者的异同进行辨析,有利于更深入地理解专业学位研究生培养模式的特征。

• 同一培养目标下的不同选择

全日制与非全日制专业学位研究生教育都属于专业学位教育的不同类别,都以培养高层次、应用型人才为培养目标。所不同的是,全日制专业学位研究生教育以招收应届本科毕业生为主,而非全日制专业学位研究生教育以招收在职人员为主。

• 管理制度上资助与就业政策的不同

针对全日制与非全日制专业学位教育招收对象的不同，在管理上应对二者采取不同的政策制度。非全日制专业学位研究生教育主要招收在职人员，对报考者有一定工作年限的要求，因此入学者一般都有了足够的实践经验以及经济能力，由于是在职学习，也不存在就业的问题；而全日制专业学位研究生主要都是应届本科毕业生，缺少实践经验，也不具备相应的经济条件。因此在政策制定上对二者有所区别。2010年3月教育部公布《关于切实做好普通高校全日制硕士专业学位研究生资助工作的通知》和《关于构建全日制专业学位硕士研究生就业服务体系有关工作的通知》，使得全日制专业学位研究生能获得包括奖学金和助学贷款在内的相应资助，同时也提出通过校企合作办学、订单式培养以及与职业资格考试衔接等方式促进全日制专业学位研究生就业。

• 培养手段稍有侧重

非全日制专业学位研究生大多有着多年的实际工作经历，因此在培养上须重视理论水平的提高以及理论联系实际能力的提升，可以安排相对较少的实践课程或者实习，如半年；全日制专业学位研究生大多没有实际工作的经验，因此必须安排较多的实践环节并提出较高的实习要求，一般至少一年。由于全日制专业学位研究生缺乏实践经验的特点，教学方式也更强调多样化，对校外导师的要求也应更高。从学制上看，全日制专业学位研究生教育采取集中在校学习的方式，因此一般学制为两年，非全日制专业学位研究生教育的学制一般要长半年或者一年。由于学分制和弹性学制的广泛采用，两种专业学位研究生的实际就读时间也可能有所变化。

• 评价标准的一致性

对全日制与非全日制专业学位研究生的评价标准应是一致的。以学位论文为例,选题应来自应用课题或者现实问题,形式可以多样,包括调研报告、应用研究、案例分析、文艺作品等,主要衡量的是研究生综合运用理论、方法和技术解决实际问题的能力。对论文评阅专家以及答辩委员会成员都要求有一定数量的行业专家参与。

• 支撑条件上需要区别对待

以学费的收取和奖助学金的发放为例,按照教育部和财政部的相关规定,对全日制专业学位研究生的学费收取按不高于本校现行普通专业学术型自筹经费研究生收费标准确定,对全日制专业学位研究生发放奖学金、助学金,使其能顺利完成学业。而对部分有经济能力的非全日制专业学位研究生则可以适当提高收费。

从学习氛围的角度来看,全日制专业学位研究生没有工作经历,应主动为他们营造实践的氛围,使其更好地融入某一行业,手段包括实践课程、实习、产学研合作等;非全日制专业学位研究生一般是在职学习,利用周末或者晚上的时间到校上课,因此应更多地为他们提供理论学习的机会,创造参与研究的氛围,手段包括开设讲座、组织讨论、参与项目研究等。

3.3　系统要素的选取

3.3.1　现有研究对于培养模式系统要素的分析

目前国内的研究中,关于培养模式所包含的要素并没有一个统一、公认的定义,每位学者在进行培养模式研究时,都根据自己的理解和需要,对其要素进行了不同的划分,甚至同一学者相隔一两年间发表的不同文章中就有不同的分法。笔者仅仅根据1990年以后的发表在国内核心刊物的论文以及相关硕博论文进行了粗略的统计,就发现了近20种不同的观点,具体如表3-2所示。

表3-2 不同学者对培养模式要素的分析

观点提出	要素分析
胡玲琳(2004)[7],涂俊才等(2007)[96],叶宏(2007)[47]	培养目标、入学形式、培养方式、质量评价
龚怡祖(1998)[8],罗泥(1998)[113],许玉清(2005)[31]	专业设置模式、课程体系状态、知识发展方式、教学计划模式、教学组织形式、非教学或跨教学培养形式、淘汰模式
阴天榜等(1998)[16]	培养目标、培养规格、培养过程、评价
李志义(2007)[32]	目的性要素(培养目标)、计划性要素(培养制度)、实施性要素(培养过程)和评价性要素(培养评价)四个方面,具体包括培养目标、培养方案、培养途径、培养方式、管理制度、评价体系等
何振雄(2007)[112]	培养目标、课程体系、教学内容、导师指导
蒲洁(2006)[212]	思想观念,制度机制,物质环境
杨杏芳(1998)[30]	导向性要素培养目标、实质性要素课程体系、凭借性要素教学方法、组织性要素教学形式、调控与制约性要素教育教学的运行机制、补充性要素非教学培养途径等

续表

观点提出	要素分析
杨峻等(1998)[19]	教育教学思想、理论,专业设置,教学内容和课程体系,教学方式
周泉兴(2005)[213]	培养目标、培养制度、专业设置、课程体系、培养途径、质量评价
李硕豪等(2000)[26]	培养目标、选拔制度、专业结构、课程结构与学科设置、教学制度、教学模式、校园文化、日常教学管理
徐和清等(2007)[214]	教师教书育人能力、专业教学条件与设施、实践教学环节、校园文化、学生主体地位及学生培养质量评价考核制度
瞿海东(2002)[215]	管理体系、课程体系、组织体系、保障体系
郑群(2004)[216]	培养目标、培养过程、培养制度、培养评价
曾诚等(2002)[217]	培养目标、专业设置、课程结构、培养途径、教学运行和组织机制、淘汰机制
赵丽(2002)[116],刘惠玲(2004)[117],肖国芳(2007)[9],范秋明(2008)[10]	培养目标、培养过程、培养质量(培养评价)
萧琳(2006)[218]	培养目标、入学形式、培养过程、质量评估
路萍(2006)[22]	培养目标、招生及学制、课程设置、科学研究、导师指导、培养考核

其中,以胡玲琳(2004)[7]提出的"培养目标、入学形式、培养方式、质量评价"的分法,龚怡祖(1998)[8]"专业设置模式、

课程体系状态、知识发展方式、教学计划模式、教学组织形式、非教学或跨教学培养形式、淘汰模式"的分法,以及被许多学位论文采用的"培养目标、培养过程、培养质量(培养评价)"分法比较普遍被接受和引用。

真理是越辩越明的。学者们对培养模式的要素问题各抒己见,为我国高等教育的培养模式研究不断摸索,作出了有益的探索和很大的贡献。对于一个问题 20 多年间就有如此多不同的观点,一方面说明了培养模式的研究一直受到学界的关注,是一个值得研究的重要问题,另一方面,也说明了目前学界对于培养模式的概念还不够清晰,对其要素的划分方式还有分歧。

在第一章中本书已经对培养模式的概念进行了界定,认为培养模式是在一定的教育培养环境之中,由多个要素按照一定的关系组合,并遵循一定方式运行的培养特定人才的模型与范式,是对人才培养要素和过程的抽象概括。从这个角度出发可知,培养模式是培养过程的反映,但又不等同于培养过程,而是培养过程的抽象概括。

再仔细考察上述的诸多要素划分方式,可以发现许多问题:有的观点将培养目标要素排除在培养模式诸要素之外;有的观点将"培养模式"等同于"办学模式"或者"教学模式";有的观点对培养模式各要素的概括不够全面,有遗漏或者是重复;有的观点不是从同一个划分标准或者维度来进行划分的。

基于这些考虑,有必要对专业学位研究生培养模式的系统要素重新进行一个严谨和全面的划分,一方面是为了清楚地认识我国专业学位研究生培养模式的系统内部结构,为下文的分析打下坚实的基础,另一方面也通过本书细致的划分,希望能为学界关于培养模式系统要素的讨论贡献自己的一份力量。

3.3.2 运用内容分析法确定我国专业学位研究生培养模式的系统要素

艾尔·巴比(Earl Babble)(2009)[219]认为,一般所讨论的观察模式都要求观察者不同程度地介入研究的对象。例如访谈、问卷调查或者实验研究,都可能对被研究者产生干扰,从而影响研究的结果。非介入性研究(unobtrusive research,也称为无干扰研究)能避免这样的问题。艾尔·巴比[219]提出非介入性研究一般有三种类型:内容分析法(content analysis)、既有统计资料分析法(existing statistics analysis)以及历史/比较研究法(history comparative analysis)。其中,内容分析(content analysis),也称为文本分析,是一种将文件中的文字及图像内容从零碎和定性形式转换成系统和定量形式的研究方法。[220]

内容分析法具有定量和定性结合、结构化和非介入性的优点。相对于一般的文献分析,内容分析法具有更强的客观性,适用于从大量的定性材料中找出隐藏的客观规律。因此,被广泛应用于传播学、管理学和教育学等社会科学研究中。

在本书的研究中,要深入分析专业学位研究生培养模式的系统结构,探求其系统要素的构成,就必然要参阅大量的定性材料,同时将面临要素提取的科学性与客观性问题。由于内容分析法具有上述的优点,因此非常适用于此项研究。

要实现从定性到定量的转化,就意味着要将定性的材料通过某种形式转化成可度量的变量,并将变量所包含的各种属性归类。李怀祖(2004)[220]认为,文本分析可以分为四个步骤,分别是假设形成、变量抽取和属性归类、资料分析和结果分析。其中,假设形成可以在正式进行文本研究之前,也可以在文本研究的过程中完成。

按照李怀祖提出的文本研究的四个步骤,本书也将遵循假设形成、变量抽取和属性归类、资料分析和结果分析的程序来完成。由于本书的研究目的在于通过内容分析提取专业学位研究生培养模式的系统要素,在要素提取之前,不宜对要素作出过多限定,否则内容分析就失去了意义。因此,假设形成的过程将在内容分析的过程之中完成,不再单独作为一个研究步骤。下面本书的实际研究程序分为研究样本、要素提取、属性归类以及研究结果四个步骤。

3.3.2.1 研究样本

根据内容分析法的要求,围绕专业学位研究生培养模式这一主题,本书选取了如下四类样本。

样本一:中文学术期刊论文

于2009年12月12日,通过中国知网(CNKI)检索,设定检索时间段为2000—2010年,刊物类型为"核心期刊"。输入关键词"专业学位+培养模式"得到文献1篇,输入关键词"专业学位+培养"得到文献4篇,输入关键词"专业学位"得到文献202篇。在以"专业学位"为关键词的202篇文献中,按照三条原则选出38篇文献(三条原则是:①按照时间顺序,优先选择最新文献;②倾向于那些将专业学位作为一种整体学位类型而进行的研究,同时兼顾对某一专业学位类型的研究;③尽量避免选择同一作者的不同文章)。经过选择,加上前述的5篇文献,共得到中文学术期刊论文43篇。这些论文大多来自于《学位与研究生教育》、《中国高等教育》、《中国高教研究》《高等教育研究》等权威期刊。

样本二：英文学术期刊论文

以"professional degree"、"professional master"、"professional doctorate"以及"professional"等为关键词，通过EBSCO、SPRINGER 与 ProQuest 数据库搜索近 20 年的文献，剔除其中与专业学位无关的搜索结果，剔除其中未给出全文的搜索结果，只保留与专业学位相关的全文文献，共得到英文文献 25 篇。这些文献来自包括 *Higher Education in Europe*、*Research in Higher Education*、*The Journal of Leadership Studies* 等在内的国际学术期刊。

样本三：关于专业学位的领导讲话

这部分样本的收集主要通过《学位与研究生教育》杂志以及百度搜索得到。《学位与研究生教育》杂志是由国务院学位委员会主办，中国学位与研究生教育学会协办的综合性高等教育学术刊物，在我国的研究生教育和学位工作领域都具有相当的权威性，近年来与"学位"有关的重要领导讲话很多都在《学位与研究生教育》上全文刊登。因此本研究于 2009 年 12 月 12 日通过中国知网（CNKI）搜索《学位与研究生教育》上关于"讲话"的文献，共得到 13 篇与专业学位直接或者间接相关的文献。同时通过百度搜索以"专业学位"和"讲话"为关键词的网页，又得到领导讲话文献 8 篇。阅读这些文献并对其中与"专业学位"直接相关的部分作出标记以便下一步进行编码。

这里 21 篇领导讲话共涉及 13 名讲话人，包括李岚清、韩启德、陈至立、周远清、吴启迪等。其发表讲话的场合基本上都是各类别专业学位的全国性会议，其发表讲话时的职务均为国务院各部门负责人或者各专业学位教育指导委员会负责人。

样本四:关于专业学位的政府文件

首先在中华人民共和国教育部网站(网址:http://www.moe.edu.cn/)收集与专业学位相关的政府文件,共得到文件18个。另外,在由国务院学位委员会办公室和教育部研究生工作办公室2001年编撰的《专业学位文件选编》一书中,共有1988—2001年关于我国专业学位建设的主要政府文件共103篇。在这103篇文件中,剔除纯粹事务性和通知性质的文件;剔除部分内容有重复的文件(如"讨论稿"与"试行稿",其内容大体相似,则选择"试行稿",剔除"讨论稿");部分文件带有若干附件,则以文件数为主,附件不另外作为单个文件处理;剔除与前述网站中得到文件相同的文件。这一过程共得到文件25篇,加上前述网站中得到的18篇文件,共得到文件43篇。

经过样本的抽取,得到全体样本情况如表3-3所示:

表3-3 样本抽取情况汇总

	样本一	样本二	样本三	样本四
样本类型	中文学术期刊论文	英文学术期刊论文	关于专业学位的领导讲话	关于专业学位的政府文件
样本数	43	25	21	43
样本来源	中国知网检索,权威期刊文献	EBSCO、SPRINGER、ProQuest 数据库	《学位与研究生教育》杂志,百度搜索	教育部网站,《专业学位文件选编》
样本总数	共132篇			

3.3.2.2 要素提取

根据对相关文献的阅读,可以知道专业学位研究生培养模式系统下包含了诸如师资、课程、管理等要素,但究竟有多少这样的要素,应该如何给这些要素分类以及命名,使它们能够成为一个完整的有机整体,共同构成专业学位研究生的培养模式系统,成为一个需要研究的问题。

按照内容分析的要求,由研究者本人作为主评判员,另外两名助手作为助理评判员。由于内容分析的编码操作是一个非常专业化的过程,要求评判员不仅仅要具有相当的专业能力,对相关的概念有非常清晰的了解,对文献中涉及概念的内容有较好的敏感度,而且还要对内容分析的操作流程与规则非常熟悉,才能保证分析的信度。因此,首先对三人进行内容分析的操作培训,通过阅读关于内容分析的研究方法论书籍、文献,以及应用内容分析进行研究的其他文献,了解内容分析的特点、要求与基本步骤,为下一步研究的顺利进行打好基础。在初步阅读样本书献之后,三人就"培养模式"的概念是"在一定的教育培养环境之中,多个要素按照一定的关系组合,并遵循一定方式运行的培养特定人才的模型与范式,是对人才培养要素和过程的抽象概括"达成了基本一致,对师资、课程、管理等可能出现的要素概念也进行了讨论。之后,三人对其中一篇文献进行试测,根据试测结果对操作中的一些细节进行了补充规定。经过这些培训过程,基本可以肯定三人达到了进行内容分析的素质要求。

在内容分析中,"编码"指的是将访谈、文件等数据分解、概念化并整合以形成理论的分析过程。[221]从本质上看,内容分析的过程就是一种编码运作。本书的研究并没有给定的类目表格,采用的是"定性开放式编码"(qualitative open coding)的方式。"定性开放式编码"指的是在不对数据进行数字化的前提下,在其中识别概念以及概念的性质和维度的过程。[222]

因此，在没有给定任何概念框架或者要素结构的条件下，要求三名评判者采用"双盲"（double-blind）的方式，各自对全部132篇样本书献进行逐行逐句的仔细研读，将文献中提到的认为属于"专业学位研究生培养模式"系统要素的概念以条目的形式记录下来，在记录的同时，对这些条目按照诸如课程、师资、管理等类别进行初步的归类。在编码的过程当中，对同一作者在同一篇文献中提到的同一个观点，不管出现几次，都仅编码一次。在中文文献和领导讲话的样本中有个别作者或者讲话人的文献出现超过一次，他们的同一观点也只编码一次。

三名评判者完成编码之后，由主评判员对三人的编码结果进行整理。三人编码所得的条目数如表3-4所示。

表3-4 三名评判员整理的条目数

	评判员A（主评判员）	评判员B	评判员C
条目总数	573	438	906
目标	82	82	103
管理	66	39	100
师资	74	70	107
课程	87	64	111
学科	25	49	95
产学研	26	46	42
质量	72	56	116
教学	101	×	115
资源	22	×	×

续表

	评判员 A （主评判员）	评判员 B	评判员 C
文化	18	32	34
入学	×	×	26
学位授予	×	×	44
培养过程	×	×	10

由表 3-4 可以看出，经过三名评判员的编码，总共得到了 13 大类的编码条目。每个评判员得到的条目数和条目类别都有所差异，造成这种情况的原因可能在于技术上和理解上存在的个体差异。内容分析的信度和效度往往是相互矛盾的，单从分析方法上就可以分为计词法、概念法和语意法三种类型。[220] 计词法操作简单，得到的条目也很明确和清晰，信度高但是不一定能反映文献所蕴含的深层次含义。概念法和语意法需要评判员深入理解文字内容和作者所要表达的深层含义，因此操作难度更大，对评判员的主观判断依赖性更强，往往信度较低，但效度却较高。为了更加全面和准确地找到所有要素，同时保证研究的信度和效度，本书综合运用了以上三种分析方法。但是对概念和语意的理解是一个复杂的心理过程，很难做到人和人之间的完全一致。所以，差异是不可避免的，差异的存在也说明了各评判员从不同的角度去理解和探寻各种可能的要素及其内涵，这也正好符合研究的初衷。

编码之后需要对结果进行信度的分析。Krippendorff (2004)[223] 认为，要计算内容分析的信度，可以通过百分比同意系数（percent agreement）、Holsti 系数、Bennett 系数、Scott Pi 系数、Krippendorff 系数、Cohen 系数以及 Benini 系数等实现。其中霍尔斯提(Holsti)公式是比较常用的一种。

霍尔斯提(Holsti)的信度公式为 $R = \dfrac{n \times K}{1+(n-1) \times K}$，其中 R 为信度，K 为平均相互同意度，也就是几个评判员之间相互同意的程度。

计算评判员之间两两相互同意度 K 的公式为 $K = \dfrac{2M}{N_1+N_2}$，其中 M 为两名评判员都同意的条目数，N_1 为第一评判员所提取的条目数，N_2 为第二评判员所提取的条目数。

由于本研究中有三名评判员，因此需要计算三名评判员的平均相互同意度。其公式为 $\overline{K} = \dfrac{K_{AB}+K_{AC}+K_{BC}}{n}$。

经过编码后三名评判员共得到了13大类的条目。这13个类别分别是目标、管理、师资、课程、学科、产学研、质量、教学、资源、文化、入学、学位授予、培养过程。其中评判员A得到10个类别，评判员B得到8个类别，评判员C得到12个类别。他们之间的两两一致率如下：

$$K_{AB} = \dfrac{2 \times 8}{10+8} \approx 0.89$$

$$K_{AC} = \dfrac{2 \times 8}{10+12} \approx 0.73$$

$$K_{BC} = \dfrac{2 \times 8}{8+12} \approx 0.8$$

他们的平均相互同意度为 $\overline{K} = \dfrac{0.89+0.73+0.8}{3} \approx 0.81$

信度 $R = \dfrac{3 \times 0.81}{1+(3-1) \times 0.81} \approx 0.93$

根据内容分析的信度要求，当信度达到0.90以上的时候，可以将主评判员的评判结果作为内容分析的结果。本研究中,三名评判员经过进一步的讨论,认为"教学"与"资源"应该属于专业学位研究生培养模式系统要素的范畴;"产学研"并不能被完全囊括在专业学位研究生培养模式系统之中,应予以剔除;而"入学"、"培养过程"与"学位授予"虽然被很多研究认为属于专业学位研究生培养模式的系统要素,但这是从培养环节的角度来进行的划分,与其他要素属于不同的划分维度。如果同时作为专业学位研究生培养模式的系统要素存在,则会造成要素概念之间相互涵盖,区分不够清晰的结果。因此,本书决定将目标、管理、师资、课程、学科、质量、教学、资源、文化九个要素确定为专业学位研究生培养模式的系统要素。

3.3.2.3 属性归类

经过上述的过程,共得到专业学位研究生培养模式的系统要素九个。同时,将三名评判员所编码的与九个要素有关的全部条目进行合并整理,并删除内容重复、语意含糊的条目,最后得到的条目数量如表3-5及表3-6所示。

表3-5 合并及整理后的条目数量

三人合并后的条目总数	1891		
修正后的条目总数	654		
目标	82	质量	95
管理	76	教学	101
师资	88	资源	22
课程	119	文化	46
学科	25		

表3-6 经合并整理及修正后的要素、条目及其数量

要素(数量)	涉及条目(数量)
目标(82)	培养目标(53);培养要求(1);培养规格(7);品德素质,知识结构,能力素养(1);知识结构(1);培养目标定位(1);学习目的(2);使命(1);目标(3);培养观念(1);培养标准(1);培养类型(1);定位(1);知识结构,能力结构(4);目的(4)
管理(76)	管理体制(5);管理模式(3);加强领导(1);转换管理思路(1);质量管理(1);加强管理(3);日常管理(1);教育管理(2);政策法规(1);培养制度(1);管理人员培训(1);管理(7);政策(2);组织强度(1);咨询机构(1);管理制度(7);专业学位教育指导委员会(7);制度建设(1);学位授权审核制度(1);规章制度(1);管理者队伍建设(2);工作制度(1);教学管理(1);组织管理(6);管理与服务(1);管理办法(1);学籍管理(1);组织工作(1);管理水平(1);教学管理,教学组织(1);制度建设(1);管理工作(1);正规化管理(1);组织协调(9)
师资(88)	双导师制(8);导师指导(4);具有实践经验的合作导师(1);导师队伍建设(3);师资队伍建设(10);师资队伍知识结构,学科结构,能力结构,年龄结构,学历结构(1);思想素质(1);培训体系(3);专兼职结合(1);双证型师资队伍(1);引进与评聘(1);职业型指导教师和学术型指导教师的队伍建设(1);教师资格(3);师资(12);导师(2);师资队伍(12);师资培训(2);导师遴选(1);培养教师队伍(1);实际用人部门专家做兼职教师(1);导师与专家(2);教师队伍(2);导师组(1);师资结构(5);教师经历(2);教师年龄(5);教师学历(2)

续表

要素(数量)	涉及条目(数量)
课程(119)	按领域设置课程(1);采用学分制(1);课程体系(6);课程设置(47);课程结构(2);模块式课程体系(1);课程(22);项目结构(1);灵活课程(1);课程建设(1);课程学习(1);学位课程(3);课程内容(11);课程多样化(15);课程安排(6)
学科(25)	多层次多种类学位并存(3);学科建设(5);学科范围(1);学科领域(1);跨学科跨校合作(1);学科(4);项目(1);多学科(1);学科资源整合(1);学科整合与发展(1);学科结构(2);学科专业方向设置(1);学科分类(1);学科种类(1);专业领域(1)
质量(95)	质量监控和保障体系(7);考核和考试制度(1);评估体系,评估标准与评估机制(4);教育评估(1);培养质量(3);质量意识(质量观)(2);质量保证组织机构(1);评估和监督(3);竞争激励机制(3);质量标准(2);社会评价(1);评价(10);质量保障(5);许可标准(2);质量评估(6);评价与监督体系(2);质量保障(5);社会评价与自我评价(1);教育质量的长效保障机制和提高质量的内在激励机制(1);激励机制(1);竞争机制(1);教学评估(1);教学合格评估工作(1);评估指标体系(1);保证培养质量的具体措施(1);评价指标(2);考核工作(1);保证培养质量(1);自我评估与质量监控体系(1);质量评估与监督(1);论文要求(15);阶段考察(8)

续表

要素(数量)	涉及条目(数量)
教学(101)	教学方式上强调自学与授课相结合(1);实验教学(1);案例教学(12);启发式教学(1);模拟教学(2);现场教学(3);多媒体教学(1);专题研讨(1);学术交流互动式(1);探究式教学模式(1);行动学习(1);教学内容(17);教学方式(12);教学模式(2);教材建设(18);教学方法(10);教学手段(2);学术研讨(3);授课方式(2);动手实践(1);现代远程教育手段(4);实践环节(1);教学大纲(2);教学要求(1);教学水平(1)
资源(22)	培养经费分担制(成本分摊制)(2);培养经费(1);教育经费(2);平衡投入与产出(1);资源配置(1);资源投入(1);基金会拨款(1);经费(4);资源(1);成本(2);政府拨款(1);经费筹措体制(1);设施建设(1);教学设施(3)
文化(46)	德育工作(2);加强宏观调控,完善发展环境(1);环境(2);环境(校园氛围,社会实践,弹性学制,多样化课程活动)(1);氛围(1);知识经济(1);文化(1);社会需求(1);全球化(1);创新文化(1);地区经济(1);德育(1);人文精神与科学精神紧密结合(1);思想政治、品德和学风建设(1);政策与舆论环境(1);学术氛围(1);学术门户(1);竞争机制(13);激励机制(7);对外交流(7)

为了能更深入地研究专业学位研究生培养模式的九个要素,有必要对上述条目进行进一步的分类整理,找出九个要素之下的子类别。本书在内容分析的思想基础之上,借鉴了定性因子分析(qualitative factor analysis)的方法,对这些条目进行下一步的分类。所谓的定性因子分析,类似于定量数据研究中的因子分析,其主要思路就是对编码条目进行分类整

理并命名,目的在于发现概念的性质及其具体解释维度。[222]

具体的操作过程是,三名评判员分别对每一个要素所涉及的全部条目进行分类,之后计算三者分类的一致率以及信度。一致率的计算方法是:将三名评判员的分类结果进行两两对照,对其相近分类下的条目一一比较,计算相同类别下完全相同的条目数。已经计算过的类别中如有与另一评判员其他类别下的条目相同的条目不进行计算。之后分别计算出两人一致率,三人一致率以及信度。具体结果如表 3-7 所示。

表 3-7 三名评判员分类结果的相互同意度以及信度

要素名称	N	M_{ab}	K_{ab}	M_{ac}	K_{ac}	M_{bc}	K_{bc}	$\bar{K}$	R
目标	15	8	0.53	10	0.67	8	0.53	0.58	0.81
管理	34	26	0.76	30	0.88	21	0.62	0.75	0.9
师资	27	11	0.41	15	0.56	17	0.63	0.53	0.77
课程	15	7	0.47	11	0.73	8	0.53	0.58	0.81
教学	25	16	0.64	11	0.44	11	0.44	0.51	0.76
学科	15	11	0.73	12	0.8	12	0.8	0.78	0.91
质量	32	21	0.66	21	0.66	15	0.47	0.6	0.82
资源	14	8	0.57	9	0.64	7	0.5	0.57	0.8
文化	20	18	0.9	12	0.6	11	0.55	0.68	0.86

其中,N 为该类别下的总条目数(对有多个数量的同一条目均作为一个条目计算),M_{ab} 为评判员 A 与评判员 B 分类相同的条目数,M_{ac} 为评判员 A 与评判员 C 分类相同的条目数,M_{bc} 为评判员 B 与评判员 C 分类相同的条目数,K_{ab} 为评判员 A 与评判员 B 的相互同意度(一致率),K_{ac} 为评判员 A

与评判员 C 的相互同意度，K_{bc} 为评判员 B 与评判员 C 的相互同意度，$\overline{K}$ 为三名评判员的相互同意度（三人一致率），R 为信度。

Matthew Lombard(2002)[224]等认为，对于大部分研究来说，0.8 以上的信度都是可以接受的，而对于探索性研究来说，0.7 以上的信度就可以被接受。余红(2004)[225]认为对于一些主观判断成分较高的编码来说，编码员之间的信度会较其他类型的编码低，但编码员之间的信度至少应达到 0.70 以上。本研究要求各个评判员独立地根据自己对概念的主观理解和判断对条目进行分类，在分类之前并不给出概念框架或者分类表格。由表 3-7 可以看出，除了师资和教学两个项目的信度在 0.7~0.8 之间外，其他七个项目的信度都达到了 0.8 以上，其中管理、学科两个项目的信度达到了 0.9 以上。因此研究结果是可以被接受的。

3.3.2.4 研究结果

之后，由三名评判员共同对全部的分类结果进行阅读和讨论，在主评判员分类的基础之上，着重讨论三人分类的不同之处，统一意见后对分类结果进行增删和修改，最后得到的分类结果如图 3-1 所示。

从图 3-1 可以看出，我国专业学位研究生培养模式包含有九个系统要素，分别是目标、管理、师资、课程、教学、学科、质量、资源和文化。它们可以作为专业学位研究生培养模式系统的子系统，各自具有下一级要素。具体如下：

目标系统：包含的要素有教育理念和培养规格。

管理系统：包含的要素有管理人员、管理对象、管理机构、管理制度和管理行为。

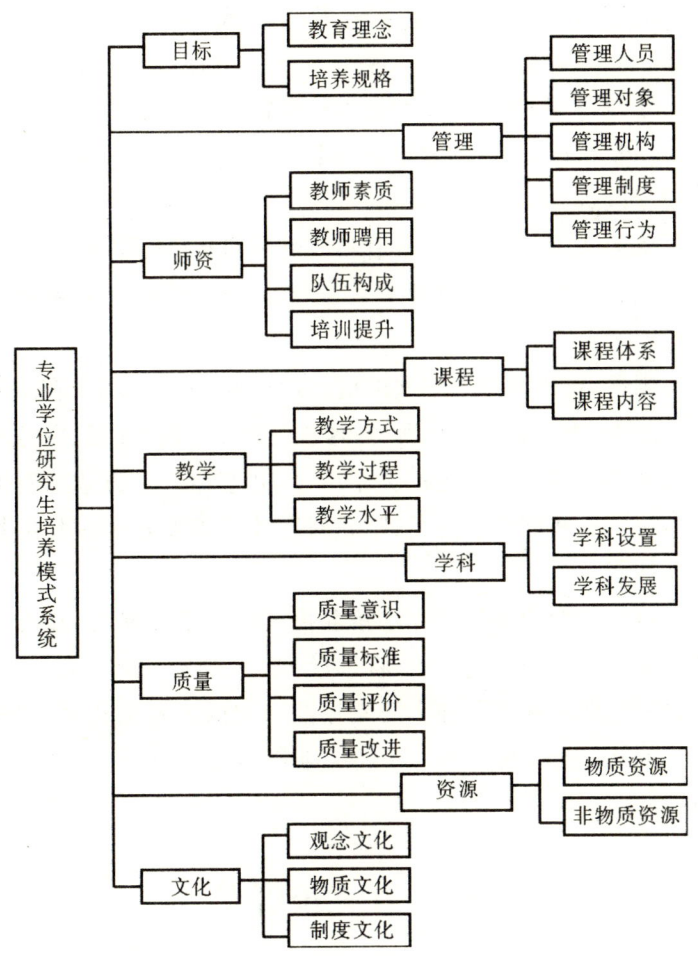

图 3-1 我国专业学位研究生培养模式系统要素

师资系统：包含的要素有教师素质、教师聘用、队伍构成和培训提升。

课程系统：包含的要素有课程体系和课程内容。

教学系统：包含的要素有教学方式、教学过程和教学水平。

学科系统：包含的要素有学科设置和学科发展。

质量系统：包含的要素有质量意识、质量标准、质量评价和质量改进。

资源系统：包含的要素有物质资源和非物质资源。

文化系统：包含的要素有观念文化、物质文化和制度文化。

因此，可以将培养模式的概念定义为：在一定的教育培养环境之中，由目标、管理、师资、课程、教学、学科、质量、资源和文化九个要素按照一定的关系组合，并遵循一定方式运行的培养特定人才的模型与范式，是对人才培养要素和过程的抽象概括。

可以将专业学位研究生培养模式的概念定义为：在专业学位研究生培养情境之中，将目标、管理、师资、课程、教学、学科、质量、资源和文化九个要素按照一定的方式组合，并遵循一定的运行规律，培养高层次、应用型专业人才的模型与范式。

3.4　子系统研究

3.4.1　我国专业学位研究生培养模式的子系统划分

从上文的分析可知，专业学位研究生培养模式下有九个系统要素，分别是：目标、管理、师资、课程、教学、学科、质量、资源和文化。但同时也应注意到,这些要素中的一部分具有相同或者相似的功能。那么,为了简化系统的复杂性,便于分析,是不是可以将这些要素进行再分类呢?

从以往的研究来看,"培养模式"的要素划分有过许多不同的观点,其中被广泛认同和引用的有胡玲琳(2004)[7]提出的"培养目标、入学形式、培养方式、质量评价"的分法以及被许多学位论文[116,117,9,10]所采用的"培养目标、培养过程、培养质量(培养评价)"分法。这些是从培养过程的角度进行的分类。从组织系统科学的角度来看,侯光明(2006)[226]认为组织系统的主要构成要素包括目标要素、人员要素、资源要素、流程要素、制度要素、结构要素以及文化要素。综合这些不同的观点,并基于对九个要素各自功能的分析,本书将这些要素进行再分类,分类后将功能相似的要素归为一个子系统,共得到五个子系统,分别是目标系统、管理系统、培养系统、质量保障系统以及支撑系统。由于九个要素之下还有下一级要素,因此也可以将它们视为下一个层次的子系统。具体的分法如图3-2所示。

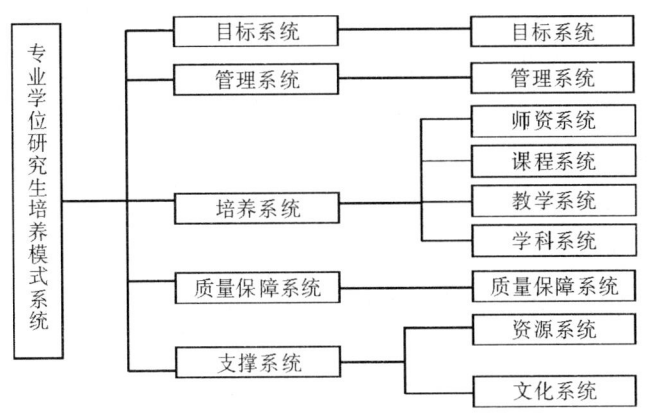

图3-2 专业学位研究生培养模式的子系统

下面对这些子系统进行详细的介绍。

3.4.2 目标系统

目标,即某行为所预期达到的标准。在培养模式系统中,培养目标指的是培养主体在一定的教育理念指导下,通过一系列的培养行为使得培养对象在知识、能力和素质方面所要达到的规格与标准。培养目标是培养行为的出发点和归宿。

既然目标就是行为所预期达到的标准,那么分析培养目标的内涵时就需要考虑两个方面的问题:一是有什么样的预期?二是要达到什么样的标准?第一个问题涉及教育理念,第二个问题涉及培养规格。

教育理念回答的是理想、信念和价值观的问题。薛天祥(2001)[227]认为,高等教育理念"体现了人们对高等教育本质和规律的认识程度,具有浓郁的理性色彩和民族性格"。具体来说,教育理念包括了培养行为的指导思想、贯彻原则、对专业学位基本性质的认识以及对教学、管理等行为的要求和判断等涉及理想和观念的问题。

培养规格回答的是对培养对象知识、能力和素质方面的要求与标准。

例如,关于我国工程硕士专业学位研究生的培养目标是这样规定的:

工程硕士专业学位是与工程领域任职资格相联系的专业性学位,侧重于工程应用,主要是为工矿企业和工程建设部门,特别是国有大中型企业培养应用型、复合型高层次工程技术和工程管理人才。

(资料来源:《关于制定在职攻读工程硕士专业学位研究

生培养方案的指导意见》,全国工程硕士专业学位教育指导委员会,1999年1月13日)

其中对工程硕士专业学位的职业特点、学科领域、就业去向等作出了规定,体现了专业学位与实践紧密结合、服务于实际工作的理念。另外,也规定了对所培养人才"应用型"、"复合型"以及"高层次"的规格要求。

具体的培养要求(培养规格)如下:

工程硕士专业学位获得者应较好地掌握马克思主义、毛泽东思想和邓小平理论;拥护党的基本路线和方针、政策;热爱祖国,遵纪守法,具有良好的职业道德和创业精神,积极为我国经济建设和社会发展服务。

工程硕士专业学位获得者应掌握所从事工程领域的坚实的基础理论和宽广的专业知识;掌握解决工程问题的先进技术方法和现代技术手段;具有创新意识和独立担负工程技术或工程管理工作的能力。

掌握一门外国语。

(资料来源:《关于制定在职攻读工程硕士专业学位研究生培养方案的指导意见》,全国工程硕士专业学位教育指导委员会,1999年1月13日)

因此可以说,培养目标包含教育理念和培养规格两个要素。其中,教育理念回答的是理想、信念和价值观的问题,而培养规格则是指对培养对象知识、能力和素质方面的要求与标准。教育理念决定了培养规格,培养规格必然反映一定的教育理念。二者之间关系如图3-3所示:

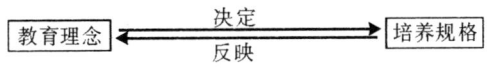

图3-3　目标系统的结构

教育部《2010年招收攻读硕士学位研究生管理规定》指出：高等学校和科学研究机构（以下简称招生单位）招收硕士生，是为了培养热爱祖国，拥护中国共产党的领导，拥护社会主义制度，遵纪守法，品德良好，为社会主义建设服务，掌握本学科坚实的基础理论和系统的专业知识，具有创新精神和从事科学研究、教学、管理等工作能力的高层次学术型专门人才以及具有较强解决实际问题的能力、能够承担专业技术或管理工作、具有良好职业素养的高层次应用型专门人才。

这段话给我们传递了这样几个和专业硕士学位研究生培养有关的信息：

首先，专业硕士学位研究生的培养目标是培养"具有较强解决问题的能力、能够承担专业技术或管理工作、具有良好职业素养的高层次应用型专门人才"。

其次，学术型学位的培养目标与专业学位不同，专业学位培养的是高层次应用型专门人才，学术型学位培养的是从事科研、教学、管理等工作的高层次学术型专门人才。

最后，专业学位的培养目标对于其学位获得者所应具备的知识、能力和素质有着明确的要求，这些要求包括政治素质、道德品质、专业知识技能以及创新能力等。

专业学位以培养高层次应用型人才作为培养目标。其中，"高层次"的要求将专业学位与一般的高职、中职等职业教育区别开来，"应用型"的要求将专业学位与学术型学位区别开来。但在目前我国的专业学位教育实践中，存在着两种错误的趋势：一种是认为专业学位是面向职业的一种学位，比学术型学位的层次低，因此在课程、师资、教学要求以及质量标准等方面都人为降低了要求，甚至将专业学位教育当作一般的职业培训；另一种是对于专业学位和学术型学位的区别没有清晰的认识,因此在习惯上仍然将原来学术型学位的教学、管理方法应用于专业学位,在质量标准和论文要求上也未体现二者之间的区别。国务院学位委员会办公室发布的(学位〔2002〕1号文件)《关于加强和改进专业学位教育的若干意见》中明确指出:"专业学位人才培养与学术型学位人才培养是高层次人才培养的两个重要方面,在高等院校人才培养工作中,具有同等重要的作用。"这就从根本上规定了专业学位的地位与类别问题。对于专业学位教育培养目标的错误认识不利于专业学位的发展,是有害的。

截至2010年6月,我国共设置了19个专业学位种类,其各自的培养目标如下:

表3-8　2010年之前我国19个专业学位及培养目标①

专业学位名称	培养目标
法律硕士	立法、司法、行政执法、法律服务等方面需要的法律专业人才和管理人才
教育博士、硕士	面向基础教育教学的中小学教师、管理干部
工程硕士	工矿企业等工程建设实际部门需要的工程技术和工程管理人才
建筑学硕士、学士	面向建筑行业需要的建筑师
临床医学博士、硕士	具有一定科研能力和较强临床技能的中高级临床医生
工商管理硕士	适应市场经济发展需要的中、高级企业管理人才

---

① 到2011年3月,我国硕士专业学位类别达到39种,博士专业学位达到5种。新增的专业学位类别包括金融、应用统计、税务、国际商务、保险、资产评估、警务、应用心理、新闻与传播、出版、文物与博物馆、城市规划、林业、护理、药学、中药学、旅游管理、图书情报、工程管理以及审计。

续表

专业学位名称	培养目标
农业推广硕士	适应农业技术推广和农村发展需要的农业专业技术人才
兽医博士、硕士	动物医疗、动物检疫、动物保护、畜牧生产等领域需要的专业技术人才和管理人才
公共管理硕士	面向政府、非政府公共机构的管理人才
口腔医学博士、硕士	具有较强临床技能的中高级口腔医生
公共卫生硕士	从事卫生检验检疫防疫等公共卫生领域实际工作的专业技术人才
军事硕士	军队中(高)级指挥军官
会计硕士	适应市场经济发展需要的会计专门人才
体育硕士	能胜任体育教学、运动训练、竞赛组织和社会体育指导等领域实际工作的专门人才
艺术硕士	从事音乐、戏剧、戏曲、电影、广播电视、舞蹈、美术、艺术设计等艺术创作领域实际工作的专门人才
风景园林硕士	从事风景园林相关行业设计、建设、保护和管理等工作的专门人才
汉语国际教育硕士	适应汉语国际推广工作,从事汉语作为第二语言/外语教育教学的专门人才
翻译硕士	具有专业口笔译能力的高级翻译人才
社会工作硕士	具备较强的社会服务策划、执行、督导、评估和研究能力,胜任针对不同人群及领域的社会服务与社会管理的应用型高级专业人才

资料来源:根据《中国教育报》2009年11月15日版《我国硕士培养结构调整的重大开端》一文提供材料整理。

3.4.3 管理系统

在本研究中,管理指的是培养主体为达到培养目标而有意识地对培养模式系统内部各种资源进行整合与调配的行为过程。管理的内容与方式应始终围绕实现培养目标来进行取舍,管理的对象为人、财、物和信息等。专业学位研究生培养模式下的管理系统包含有如下要素:

管理人员。管理人员指的是在专业学位研究生培养过程中行使管理职能、协调组织各类人员共同完成培养工作的人。包括实施专业学位培养管理工作的各级人员,例如专业学位教育指导委员会的领导与工作人员,各高校负责专业学位培养工作的管理人员等都属于管理人员的范畴。

管理对象。管理对象指的是作为管理行为目标的人或事物,具体包括人、财、物和信息等。

管理制度。管理制度指的是管理行为实施过程中要求系统内所有人员共同遵守的操作规程或者行为准则。管理制度从上到下可以分为三个层次,分别是政府层面的法律法规、高校或者组织层面的操作规程以及个人层面的行为规范。

管理机构。管理机构指的是实施管理行为的组织、单位或者部门。一般情况下,专业学位教育的培养管理机构主要由教育部学位管理与研究生教育司(国务院学位委员会办公室)、专业学位教育指导委员会、各高校专业学位管理机构以及各院系下的专业学位管理机构组成。

管理行为。管理行为指的是管理人员在行使管理职能的时候所表现出来的行为活动。管理行为依照其职能的不同可以分为计划、组织、领导和控制四种类型。

我国专业学位研究生培养模式的管理系统结构如图3-4所示。

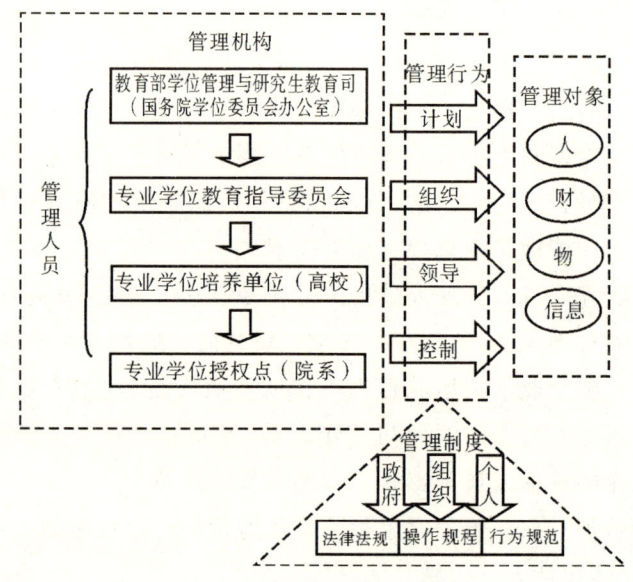

图3-4 管理系统的结构

从图3-4可以看出,管理机构通过其管理行为对其所管理的人、财、物和信息行使计划、组织、领导和控制的职能,其管理行为受到管理制度的制约。在实践中,一些原来具有较强教学科研能力的好学校,却并不一定能办好专业学位,在专业学位评估中并没有取得好的成绩,这与体制不顺、制度不健全有很大关系。[228]因此,办好专业学位需要建立合理的体制和规范的制度。例如,在质量保障制度上,就可参照美国等专业学位发展较成熟的国家的做法,通过制定相关法规和政策,建立由培养单位、教育主管部门和社会独立评价机构共同构成专业学位质量保障制度。

我国专业学位管理系统中,成立全国性的专业学位教育指导委员会是具有中国特色的一项制度。针对各个类别的专业学位成立全国性的专业学位教育指导委员会是我国专业学位教育的普遍做法。这既是政府转变职能,积极有效地发挥宏观调控、指导功能,调动各方面积极性的重要举措,也是适应专业学位特点,促进专业学位研究生教育顺利发展的重要手段。[228]关于教育指导委员会的性质和职能,国务院学位委员会办公室发布的《关于加强专业学位教育指导委员会秘书处建设的意见》(学位办〔2006〕28号)中指出:"专业学位教育指导委员会是专业学位教育的专业性组织,在协调专业学位教育活动、制定专业学位研究生培养方案和教学大纲、开展师资培训、教学评估、科学研究、国际交流与合作等方面具有重要的地位和作用。实践证明,建立教指委是行之有效的管理制度和办法,充分发挥教指委的作用,对于保证和提高专业学位教育的质量和水平具有重要意义。"

3.4.4 培养系统

3.4.4.1 师资系统

专业学位研究生培养模式的师资指的是负责专业学位教学工作的教师以及由这些教师组成的教学、科研和创新团队。教师素质、教师聘用、队伍构成以及培训提升四个要素分别从质量、数量、结构和发展四个方面诠释了专业学位培养模式系统师资队伍建设的要求。

教师素质。教师素质指的是专业学位教师个人在思想道德、知识文化以及个人能力等方面所应具有的素养和水平,体现了专业学位教育对其师资队伍的质量要求。

教师聘用。教师聘用指的是专业学位研究生培养单位选择并聘请合适的人才作为专业学位教师的行为。聘用合适的人才作为专业学位教师是专业学位教育师资队伍专业化和正规化的保证,体现了专业学位教育对其师资队伍的数量要求。对于专业学位来说,选择具有实践经验的专家作为导师或者兼职导师,显得尤为重要。

队伍构成。队伍构成指的是在师资队伍内部构建合理的职称结构、年龄结构、学历结构、专业结构以及学缘结构。对于专业学位来说,尤其要重视提高实际用人部门的专家作为兼职教师、兼职导师在教师总体中的比例。队伍构成体现了专业学位教育对其师资队伍的结构要求。

培训提升。培训指的是有计划地通过一定培养手段使得教师素质得到提升的行为。对于专业学位教育来说,有必要建立相应的师资队伍培养机制,加强对其教师的培训,提升教师队伍的整体素质。培训提升体现了专业学位教育对其师资队伍的发展要求。

专业学位研究生培养模式师资系统的结构如图 3-5 所示。

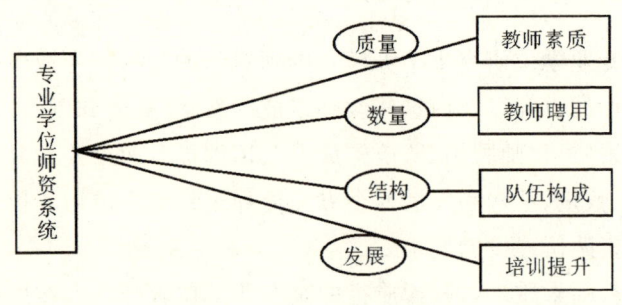

图 3-5 师资系统的结构

在实践中,学术型学位教育和专业学位教育同样要面对教师素质、教师聘用、队伍构成和培训提升的问题。由于在专业学位出现以前,我国的研究生教育全部是培养学术型科研人才的学术型学位。20世纪90年代初专业学位出现以后,规模始终偏小,2006年授予专业硕士占全部硕士学位的比例仅有20.7%,而在比较完善和成熟的学位制度中,这个数字应该达到50%以上。[2] 由于我国的专业学位长期处在学术型学位的附属和补充地位,因此并没有得到足够的重视,教师队伍存在着"两个班子,一套人马"的现象。一些教师或者不屑于从事专业学位教育,认为其低人一等;或者无能于专业学位教育,依然采用"学院式"的方式来进行教学和研究。[229]

教师队伍的素质和结构是任何一种教育的基础,作为一种和学术型学位同等地位、同等重要但具有不同培养目标和方向的学位类型,专业学位的教师队伍应该具有不同于学术型学位的要求。在国务院学位办2000年发布的《中国高校工商管理硕士(MBA)学位教学合格评估方案》中,从"师资力量配备、师资队伍结构、教学经验、实践经验、师资培训"五个指标对试点院校的MBA项目师资队伍水平进行评估。其中对MBA核心课程教师参加企业咨询或者企业项目研究经历者的比例以及近三年内参加进修、培训或者校级课程研讨活动、教学研究活动的次数都有相关要求。从教师素质上看,专业学位教师除了需要具备一定的思想素质、知识水平和各方面能力之外,还需要对本行业的实践情况有一定了解;专业学位研究生培养单位在聘任专业学位教师的时候,除了需要考虑学历、年龄等因素之外,还需要有意识地选择具有一定行业从业经验的人才,也可以聘用实际用人部门的专家作为兼职教师;专业学位师资队伍的建设除了要考虑学历结构、专业结构等一般因素之外,还应建立由学术型指导教师和职业型指导教师相结合的双导师制;在师资培训方面,应当有计划地安排教师进修,包括继续攻读学位和出国考察,尤其要重视将教师送到相关职业部门挂职锻炼,以获得实际工作的经验。

3.4.4.2 课程系统

美国课程理论专家比彻姆(1989)[230]认为课程一词有三种基本用法,一是指一门课程,二是作为课程系统的同义词,三是一门专业学科领域的同义词。从广义上来说,高等学校的课程指的是"在高等学校指导下的学生自我安排的学习、活动的总体计划和学习、活动本身及其过程中的非计划因素"[231]。而从狭义上来说,课程是"依据培养目标而有计划、有组织地编制的教学内容"[126]。因此可以说,课程系统从其内涵上本身就囊括了课程体系和课程内容两个层面。

课程体系。课程体系指的是依照特定培养目标选择和组织相互联系的不同课程所组成的课程整体。学术型学位的课程体系偏重于课程的系统性和学术性,而专业学位的课程体系则更偏重于实用性,常常采用模块式的课程体系。

课程内容。课程内容指的是课程中呈现的知识以及知识的组织形式。一般情况下,知识可以有陈述性知识和程序性知识的区分。陈述性知识回答"是什么"和"为什么"的问题,学术型学位的课程内容更多呈现此类知识。而程序性知识回答"怎么做"的问题,专业学位的课程内容更多呈现此类知识。这是由专业学位的培养目标决定的。

课程体系和课程内容二者的关系可以这样表达:课程体系主要考虑课程选择和组合的问题,而课程内容主要考虑所呈现的课程知识。二者之间是结构和内容的关系。

课程体系的设置一般有学科式和模块式两种。学科式强调学科的逻辑性和系统性,适合于学术型学位研究生的培养。而模块式则具有较大的灵活性,模块式课程体系由几个适应行业需要的课程模块组成,各个模块包含有相应课程,如图3-6所示。这些课程模块和课程可以来自于同一个学科,也可以来自于不同的学科,根据具体职业的需要可以更换和调整。模块式课程体系下的课程内容具有开放性,可以随时增加最新的科研成果和实践经验,并剔除过时的或者不适应行业需要的课程内容。国外专业学位的课程设置一般都按照模块式的体系建构。表3-9列举了哈佛大学MBA项目的课程体系,美国专业学位课程设置的特点由此可见一斑,从内容上看,这些课程也非常好地体现了综合性、实用性、前沿性和灵活性。

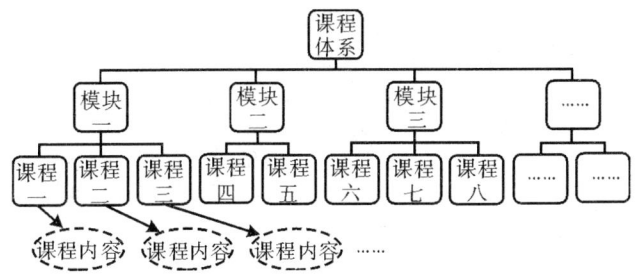

图 3-6 课程系统的结构

表 3-9 哈佛大学工商管理硕士(MBA)课程设置

课程类别	模块	课程名称
必修课 (第一学年)	无	第一学期:金融学Ⅰ,财政报告与控制,领导与组织行为,营销学,技术与运营管理
	无	第二学期:商务、政府与国际经济,战略管理,创业管理,金融学Ⅱ,领导与公司责任

续表

课程类别	模块	课程名称
选修课	会计与管理	商务分析与评价——金融的视角,消费者智能优势,高绩效组织设计,管理者财务报告与分析
	商务、政府与国际经济	公司化农业,商业与环境,现代金融系统建构,21世纪中国商务,能源商务与地缘政治,实地研究——构建绿色商务,制度、宏观经济学与全球经济,国际贸易与投资管理
	创业管理	生涯规划背景下的商务运作,成功企业的建立与持续,经营资本主义的到来——美国的情况,创业财政学,转型环境下的创业管理,创业与全球资本,卫生保健领域的创业与风险投资,教育改革中的创业学,执行战略,实地研究——构建绿色商务,实地研究——创业与危机中的创新,实地研究——创业机会评估,家族企业与寡头控股公司的财务管理,创始人的困境——创业风险中的钱与权,创业机会评估,创业中的法律——法律与商务生活,国际创业学,发明中的突破及其商业化,领导改革风险,管理创新,商业网络管理,房地产的发展、设计与建造,不动产学,研究训练——成功企业的建立与持续,风险资本与私募股权
	财政学	行为与价值投资,消费者财政学,公司财务管理,公司重组中的价值创造,动态市场学,创业财政学,实地研究训练——美国的经济适用房,金融市场、制度与法律文书,家族企业与寡头控股公司的财务管理,职能与战略财政,私募股权财政学,国际财务管理,投资管理,房地产业的发展、设计与建造,新兴市场中房地产业的选择,不动产,商务决策中的税收因素,风险资本与私募股权

续表

课程类别	模块	课程名称
选修课	普通管理学	成功企业的建立与持续,金字塔形的商业管理,商业与社会——商务与社会价值的创造,跨文化工作实践,21世纪中国商务,教育改革中的创业学,实地研究——医疗保健业的改革,积极投资——管理与支配,创业中的法律——法律与商务生活,智力资本的价值最大化,如何说服商界人士,医疗保健业的改革,国际创业学,商务法律与商务生涯:像上市公司一样运营,高绩效非营利组织的管理,管理创新,金融公司管理,正直的管理者,研究训练——成功企业的建立与持续
	营销学	公司化农业,金字塔形的商业管理,商务营销学,消费者营销学,商业与社会:商务与社会价值的创造,数字营销战略,零售学,营销与变革,创意产业的战略营销
	谈判,组织与市场	高级谈判学:计划、处置与战术,复杂谈判,全球化健康管理:全球医药项目的设计、运送与评估,商务网络管理,价格管理、组织与谈判,权力和影响力
	组织行为	领导力发展实战,董事会与公司治理,商业与社会:商务与社会价值的创造,伟大的商业领导者——情境智能的重要性,领导改革风险,专业服务公司的领导学,团队领导学,人力资本管理,权力和影响力
	战略	商业模式的竞争,社会网络的竞争,竞争的动力学,公司战略,执行战略,机会游戏与战略游戏,全球战略管理,竞争的微观经济学,战略推理实验室:像伟大的战略家一样思考,市场外的战略,战略与技术

续表

课程类别	模块	课程名称
选修课	技术与运营管理	成功企业的建立与持续,商业与经济,供应链的协调与管理,实地研究——构建绿色商务,实地研究——像个投资者一样理解和影响运营,发明中的突破及其商业化,领导改革风险,管理创新,医药业管理,服务运营管理,运营战略,研究训练——成功企业建立与持续
	跨项目选修	允许学生在哈佛大学研究生学院、麻省理工大学斯隆商学院以及塔夫茨大学(Tufts University)弗莱彻法律与外交学院的其他研究生项目中选修不超过两门的课程

资料来源:哈佛大学网站。网址:http://www.hbs.edu/mba/academics/curriculum.html,2010-3-6.

在我国,同学术型学位教育类似,专业学位教育的课程体系同样存在必修课、选修课、学位课等类别,采用学分制管理,对于马克思主义等政治类课程、外语课程、总学分数以及中期考核等都有统一的规定。国务院学位委员会于1997年通过的《工程硕士专业学位设置方案》中就已经明确指出:"工程硕士专业学位的课程应按工程领域并结合工矿企业或工程建设部门的实际需要设置,其课程内容应具有宽广性和综合性,反映当代工程科学技术发展前沿的最新水平。"专业学位的职业性特点在课程系统中主要体现在课程选择要体现"宽、新、实"的要求,尤其要适应各实际行业部门的需要,选择应用性强,反映实践前沿的课程。在课程内容上,应着重建立学生合理的知识结构,选择实用性强,契合行业需要的知识,力求反映本专业实践的前沿。

3.4.4.3 教学系统

顾名思义,教学指的是教师的教和学生的学所组成的人才培养形式。如果说课程体现了培养主体对培养过程的预先设计,那么教学就是这一设计的实现过程。本研究将专业学位研究生培养模式的教学系统划分为三个要素,分别是教学方式、教学过程和教学水平。

教学方式。教学方式指的是教与学所采用的方法和形式。其含义和教学方法、教学手段等十分相似,但教学方法和教学手段更侧重于表达具体的措施或者方法,而教学方式除了表达具体方法之外还包含了教学过程中的一贯风格或者形式。专业学位教育中常用的极具特点的教学方式包括案例教学、实验教学、启发式教学、现场教学和远程教学等等。

教学过程。教学过程指的是教与学所经历的程序和阶段。教学过程由若干教学环节构成,表现为师生互动的各种活动和进程。在专业学位教育的教学过程中,实践环节被放在了一个十分重要的地位。

教学水平。教学水平指的是教学的能力和效果所能达到的高度。可以影响教学水平的因素有很多,例如教师的个人能力、学生的学习状态、管理制度、备课资源、教师培训水平以及其他软硬件建设等都能影响到教学水平。教学方式与教学过程都有赖于教学水平来得以实现。

教学方式、教学过程和教学水平三者之间的关系如图3-7所示,教学过程可以被视为输入和输出的过程,一方面接收外界的特定输入,另一方面将这些输入通过特定的机制转化为输出。教学方式和教学水平二者通过对教学过程的作用影响系统的输出。

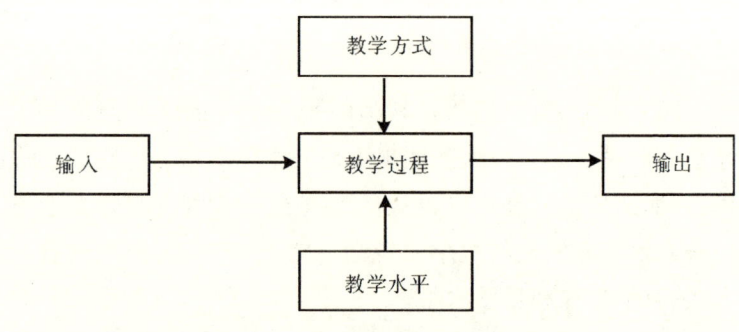

图 3-7 教学系统的结构

要优化专业学位研究生教育的教学过程,一方面要加强专业学位教育的教学大纲编写以及教材建设,这是因为教学过程中的许多内容,如知识呈现、教学要求以及实习、实验、作业的时数分配等,都在教学大纲和教材中有所体现。专业学位教育的教材要体现职业性、应用型的特点,这一点要和学术型学位重视学科综合性、系统性的特点区别开来。在教材中可以通过大量实例来深化学生对于行业实践的认识。另一方面,由于教学方式和教学水平都对教学过程有所影响,因此要注重教学方式的改善以及教学水平的提高。

专业学位研究生培养模式的教学系统中,教学水平起着十分关键的作用。由于教学水平涉及教师素质、学生状态、管理制度、教学资源以及各种软硬件建设的水平,因此要提高教学水平,首要的是做好师资队伍的建设工作,加大对现有教师的培训力度;其次要加大投入,改善设施设备、教学资源的水平;另外还需要加强制度建设,理顺管理体制,进行合理评估。从我国专业学位发展的现状来看,还需要加大对于专业学位培养的根本特点以及重要意义的宣传力度,从根本上转变目前存在的对于专业学位培养目标的错误认识,把专业学位切实放在一个和学术型学位同等重要的位置上。在教学中有意识地加强专业学位培养的实践环节,采用适合于应用型人才培养的教学手段,并将相关要求在教学大纲、培养计划以及评估指标中固定下来。

专业学位研究生培养模式的教学方式应该以课堂教学的方式为主,同时采取讨论、实验、案例以及实习等方式,必要的时候远程教学的方式也是一种很好的选择。对于已经具有多年丰富的工作经验,来就读专业学位是为了进一步提升理论水平以及加深对于实践工作的理解的一部分学生,可以允许在其实习的总时数上做相应调整。

案例教学(case-based learning)是专业学位教学中非常适用的一种教学手段,被广泛运用于工商管理、法律、医学等专业学位的教学之中。案例教学是一种通过建立模拟或者真实的场景,并使学生置身于这一场景之中作出相应判断和决策,再通过讨论和分析等方式使学生得到提高的教学方式。1870年哈佛大学法学院率先使用案例教学的方式,此后案例教学不断发展并被广泛使用。如今,哈佛大学商学院的MBA教育的案例教学法名闻遐迩,有一支80多人的专业案例写作队伍,通过案例来组织MBA的教学。哈佛案例库是目前世界上按照规模排名的案例库中的前三名。到2002年年底,哈佛案例库中有9000个案例,每年更新500~600个。[232]

3.4.4.4 学科系统

从严格意义上来说,我们讨论专业学位的"学科"问题时,更确切地应该称为"专业"而不是"学科"。因为学科和专业反映了两种不同的学业门类划分方式。学科是按照知识或者学术的本质进行划分的门类,[126]而专业则是根据社会分工需要而划分的学业门类。因此,称为"专业"更体现了专业学位的职业性特点。但考虑专业学位的人才培养工作也总是依托一定的学科或者学科群来进行,为方便研究的进行,本书中仍然使用"学科"来表示所有学业门类的划分。专业学位教育的学科系统可以划分为学科设置与学科发展两个要素。

学科设置。学科设置是对于在哪些学科专业中设置专业学位的一种安排。目前我国已经设置了39种硕士专业学位类型,在我国当前的12种授予博士、硕士学位和培养研究生的学科门类中,除了哲学学科门类之外,其他都设置了专业学位。

学科发展。本书中,学科发展指的是在专业学位的设置与发展过程中对原有学科专业从数量上和规模上产生的积极影响。这样的积极影响主要体现在两个方面:一是对各学科授予学位人数总量以及各学科授予学位比例上的影响;二是通过专业学位的设置,促进了学科交叉与学科调整,从而造成学科门类下各一、二级学科的变化。

通过以上的概念界定,我们可以得出这样的结论:专业学位研究生培养模式的学科系统下包含有学科设置和学科发展两个要素,这两个要素之间的关系是互相促进,相辅相成的。在学科门类下设置专业学位,促进了学科本身的发展;而学科的发展又推动了学科的设置,其关系如图3-8所示。

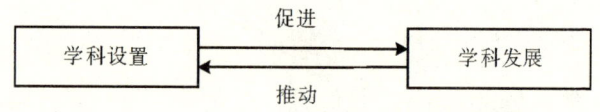

图3-8 学科系统的结构

目前我国的专业学位从层次上看,已经形成以硕士学位为主,博士、硕士、学士三个层次并存的局面。从学科类别上看,覆盖了我国当前授予博士、硕士学位和培养研究生的12种学科门类中的几乎所有类别。截至目前,我国共设置了39种专业硕士学位,5种专业博士学位以及1种专业学士学位。这些专业学位类别和教育部1997年颁布的《授予博士、硕士学位和培养研究生的学科、专业目录》中规定的12种学科门类的对应情况如表3-10所示:

表3-10 我国12种授予博士、硕士学位和培养研究生的学科门类与专业学位对应情况

哲学	经济学	法学	教育学
	金融硕士 税务硕士 保险硕士	法律硕士 社会工作硕士 警务硕士	教育博士、硕士 体育硕士 应用心理硕士
文学	历史学	理学	工学
翻译硕士 艺术硕士 汉语国际教育硕士 新闻与传播硕士 出版硕士	文物与博物馆硕士	应用统计硕士	工程博士、硕士 建筑学硕士、学士 城市规划硕士
农学	医学	军事学	管理学
农业推广硕士 风景园林硕士 兽医博士、硕士 林业硕士	临床医学博士、硕士 口腔医学博士、硕士 公共卫生硕士 护理硕士 药学硕士 中药学硕士	军事硕士	工商管理硕士 公共管理硕士 会计硕士 旅游管理硕士 图书情报硕士 国际商务硕士 审计硕士 资产评估硕士 工程管理硕士

图 3-9 体现了我国近年来授予专业硕士学位人数较多的六种专业学位的规模发展情况。图 3-10 显示了 2006 年我国各主要专业学位类别授予学位数量的比例。

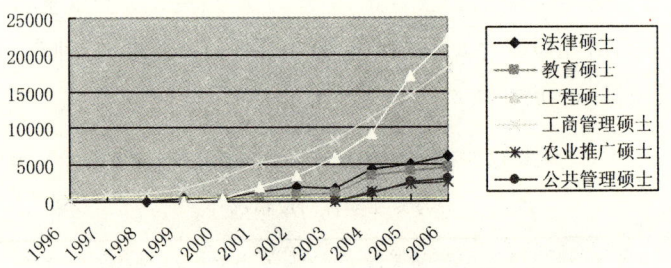

图 3-9　我国十年间授予专业硕士学位人数较多的六种专业学位的规模发展情况

资料来源:根据中国人民大学出版社 2009 年版《中国学位与研究生教育信息分析报告》一书所提供的数据整理,该书数据来源于国务院学位办。

从图 3-9 及图 3-10 可以看出,工商管理硕士和工程硕士长期以来一直是我国授予学位人数最多的两种专业学位类型。工商管理硕士是我国设立时间最早的一种专业学位,到 2006 年,其授予学位人数达到了 18098 人。工程硕士学位自从设立以来,其授予学位人数一直较多且发展迅猛,2006 年授予学位人数达到了 22065 人,是当前我国授予学位人数最多的一种专业学位。其他几种专业学位的授予学位人数相对较少,但发展也比较迅速。因此可以预期,虽然目前我国的专业学位类别还比较少,其培养规模在整个研究生培养规模中所占比例还很不够,但是在不远的将来,专业学位不论在规模上还是在类型上必然迅速发展。

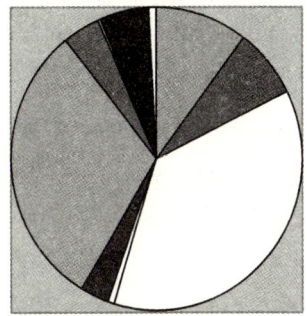

图 3-10　2006 年国各主要专业学位类别授予学位数量的比例

资料来源:根据中国人民大学出版社 2009 年版《中国学位与研究生教育信息分析报告》一书所提供的数据整理,该书数据来源于国务院学位办。

3.4.5　质量保障系统

质量保障指的是"旨在保持和改进高等教育质量,并为高等教育利益关系人提供证明和担保的所有政策与过程"[233]。专业学位教育的质量保障由专业学位质量保障机构负责组织实施,不仅受到社会政治、经济以及文化等因素的影响和制约,也是专业学位教育内部各个环节相互作用影响的结果,因此专业学位教育的质量保障体系包括外部的质量保障体系以及内部的质量保障体系。从其要素上看,专业学位教育的质量保障系统包含质量意识、质量标准、质量评价以及质量改进四个要素。

质量意识。质量意识指的是在专业学位培养过程各个环节中对于保证专业学位培养质量的意愿以及认识。这里包含了两层意思：一是对提高质量的意愿，一是正确的质量观。

质量标准。质量标准指的是专业学位的评价过程中所采用的指标以及准则。从标准的制定者来看，政府、社会中介机构以及高校都有可能制定不同的评价标准；从评价的对象来看，对于评价机构、高校、专业学位项目、教师以及学生都有不同的评价标准。

质量评价。质量评价指的是由评价主体对专业学位研究生培养质量的各个方面进行测量和判断的过程。

质量改进。质量改进指的是根据质量评价的结果对专业学位研究生培养模式进行改进和提高，使之符合培养目标要求的过程。

质量意识、质量标准、质量评价以及质量改进四个要素之间的关系如图 3-11 所示。

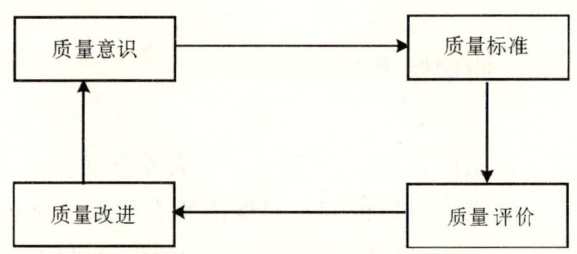

图 3-11 质量系统的结构

由图 3-11 可以知道，质量意识决定了质量标准，质量标准是进行质量评价的依据，质量评价的结果又是质量改进的依据，质量改进的效果被反馈给质量意识，质量意识因此对质量标准做出调整，从而开始新的评价过程。质量评价对专业学位研究生培养模式的发展可以起到导向和激励的作用。

作为专业学位研究生培养模式发展比较成熟的国家,美国十分重视专业学位研究生培养质量保障体系的作用:不但在大学内部建立了严格的考核和监督程序,在大学的外部还有一批专业的认证机构通过认证的手段对教育质量进行评估。首先,在大学内部,从招生录取到课程教学,再到学分、论文,都有严格的规定。以麻省理工学院为例[234],要获得工程硕士学位的学生必须完成至少90学分的结构项目,还应至少保证一个学期的全日制学习时间,所有的工程硕士都必须完成一篇由所在学院和所在系同意合格的论文才能授予学位。而佐治亚州立大学MPA项目[235]虽然不要求学生完成毕业论文,但是学生必须参与实习并且完成一篇合乎标准的实习报告。许多学校都有专门的学术标准委员会,负责每学期对学生学业情况进行考察,不符合要求的学生将受到警告甚至被限制注册或者退学。其次,在大学外部美国实行的是政府、社会和高校共同参与的认证、认可和许可制度。由美国教育部(USDE)或美国高等教育认证委员会(CHEA)对带有社会中介机构性质的认证机构进行认可,由这些被认可的认证机构对院校或者专业进行认证,在行业内制定职业准入标准对获取专业学位者的从业资格通过许可的形式给予确认。

我国专业学位研究生培养模式的质量保障系统则更类似于直线式的结构,由上一级管理部门组织对下一级部门或者单位的评估。在大学外部,由"一委两部"或者"两委一部"(国务院学位委员会、教育部和相关部委)成立各专业学位教育指导委员会,各专业学位教育指导委员会组织进行对各学位授权点的教育评估活动。在大学内部,由高校及专业学位授权点组织对教学和培养质量的评估,在招生录取、课程教学以及考核评价等各方面都有一定的要求和详细的规定。以公共管理硕士(MPA)为例[236]，2009年国务院学位委员会办公室和全国MPA教育指导委员会共同发布了《中国高校公共管理硕士(MPA)专业学位教育合格评估方案》，其中对教学设施、师资队伍、教学管理、教学实施、教学效果与学位论文、办学特色及其他六个指标进行评估，同时还要求各高校提供相关的教学资料、文件和报告。再以西安交通大学的临床医学博士为例[237]，要获得学位除了需要修满规定的课程与学分、完成学位论文外，还需要通过选题报告、论文工作中期报告、思想品德考核、临床综合能力考核四个环节。其中思想品德考核主要对学生的敬业精神、医疗作风、医疗道德、遵纪守法等方面进行考察，临床综合能力则对学生的临床技能、临床思维能力以及外语等进行考察。经过多年的实践与探索，我国初步形成了有中国特色的专业学位评价体系。

  相比于美国的模式，我国的专业学位评估制度显得过于单一。但是对于我国的专业学位教育来说，要在现有的体制下单独脱离政府主导模式而转入美国式的专业认证制度，显然是不现实的，或者说其实现不是一蹴而就的。并且美国的专业认证制度也存在许多弊端，生搬硬套也是不合适的。因此我国当前的任务主要集中在完善相关法律法规以及制度建设上。另外可以通过聘请国外同行专家、与国外具有较高水平的评估机构合作等方式对我国当前的评估体系进行有益的补充。

3.4.6 支撑系统

3.4.6.1 资源系统

在本书中,资源即专业学位研究生培养过程中所需要耗费的各种物质、能量和信息的总和。资源系统是专业学位研究生培养模式系统的各个子系统和要素存在和发展的基础。从其包含的内容来看,资源系统可以分为物质资源和非物质资源两个方面,主要可以包括培养经费、设备、图书资料以及相关信息等内容。

物质资源。物质资源指的是组织所能运用的各种有形的物质资料的总和,平常所说的固定资产、材料和易耗品等都属于物质资源的范畴。具体来说,校园、校舍、图书、实验设备等都是物质资源。

非物质资源。非物质资源是相对于物质资源而言的非物质形态的资源。一般所说的品牌、商誉、信息、关系网络等都属于非物质资源的范畴。

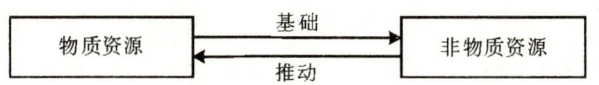

图 3-12 资源系统的结构

图 3-12 表示了专业学位研究生培养模式的资源系统的结构。物质资源是非物质资源产生的基础,非物质资源也能推动物质资源的积累,因此二者是相互促进、互为因果的关系。

资源的流动类似于系统的输入与输出。以经费为例,总是需要先考虑经费的来源与筹措问题,也就是系统的输入问题,之后对这些经费进行妥善的管理,最后将培养经费通过一定的途径"花出去",也就是输出。除了经费之外,设备、图书、教学楼、宿舍等固定资产可能由学校出资,也可能由社会捐赠得到,同样也存在折旧、丢失等问题,因此也有输入和输出。而信息不但要面对来源、管理和使用的问题,还具有产出的可能。下面以培养经费为例来进行阐述。

专业学位的培养经费主要来源于政府拨款、社会捐赠以及向培养对象收费三个途径。目前,我国还存在着高等教育经费严重不足的问题。在教育的财政性投入中,基础教育占的比例大约为70%,用于高等教育的占20%左右。2004年对教育的总投入仅占GDP的2.79%,这就表明,对高等教育的投入仅占GDP的0.58%,这在世界上都处于一个比较低的水平,许多发展中国家对高等教育的投入都高于这个比例,欧盟的比例是2.5%。[238]教育投入的不足制约了我国研究生教育的发展。国务院新闻办公室于2010年公布的《国家中长期教育改革和发展规划纲要(2010—2020年)》(以下简称《纲要》)中提出,加大教育投入,要提高国家财政性教育经费支出占国内生产总值的比例,2012年达到4%。《纲要》同时指出,各级政府要优化财政支出结构,统筹各项收入,把教育作为财政支出的重点领域予以优先保障。另外,《纲要》也提出了社会投入是教育投入的重要组成部分,要扩大社会资源进入教育的途径,鼓励和引导社会力量捐资助学、出资办学。专业学位教育作为我国研究生培养中和学术型学位同等重要的一个部分,2010年还将继续扩招,同样需要加大投入。关于社会捐资助学的问题,不管是政府还是高校,都应积极鼓励,关键是扩大社会力量的捐资途径,激发社会力量捐资助学的热情。至于专业学位的收费问题，各高校不应把专业学位当成盈利的手段，应该综合考虑培养成本、当地经济发展水平以及培养对象的经济承受能力等因素，否则将有损于专业学位的培养质量，也不利于教育公平。对于一些在职学习并且有一定经济实力的培养对象，如高级管理人员工商管理硕士（EMBA）等，可以适当提高收费，而对于全日制学习的专业学位研究生来说，不但不应提高收费，对于一些经济上有困难的学生，还可以适当给予困难补助，对成绩优异的给予奖学金补助，帮助有需要的学生申请助学贷款。教育部财务司2009年发布的《教育部关于做好全日制专业学位硕士研究生招生收费有关工作的通知》指出，"各校在研究提出全日制专业学位硕士研究生学费收费标准时，按不高于本校现行普通专业学术性自筹经费研究生收费标准确定"。

在加强经费管理方面，《纲要》提出，要坚持依法理财，建立科学化精细化预算管理机制，设立高等教育拨款咨询委员会，增强经费分配的科学性，在高校试行设立总会计师职务，公办高校总会计师由政府委派，提升经费使用和资产管理专业化水平。按照《纲要》的精神，加强经费管理和使用过程中的监督，对经费的使用强化审计，已经被提到日程上来，并且通过成立"高等教育拨款咨询委员会"以及"总会计师职务"等方式给予制度上的确认。专业学位作为高校研究生培养体系的重要组成部分，同样要接受经费方面的严格管理和监督。如何杜绝专业学位教育经费管理和支出中的腐败现象以及铺张浪费现象，规范专业学位的经费管理制度和经费支出程序，提高经费管理水平，使得经费的支出更为规范、安全和有效，是一个值得探讨的问题。

3.4.6.2 文化系统

一般情况下,可以将文化定义为某一群体在一定时期内的思想观念以及行为模式的总和。文化可以有广义和狭义之分,广义的文化包括物质文化和精神文化,狭义的文化仅指精神文化。本书所指的文化是精神层面的文化。专业学位研究生培养的文化系统可以分为观念文化、物质文化和制度文化三个子系统。

观念文化。观念文化指的是思维方式、宗教信仰、审美观念等隐含在人们观念之中的一种隐性文化。

物质文化。物质文化指的是人类创造的各种物质文明及其所表现出来的文化。物质文化是一种显性文化,包括衣食住行等各个方面。

制度文化。制度文化指的是人类社会中包括社会制度、家庭制度、生活制度等在内的,以规范或者行为准则的形式存在的一种隐性文化。

观念文化、物质文化和制度文化三者之间是互为因果的关系,如图3-13所示。

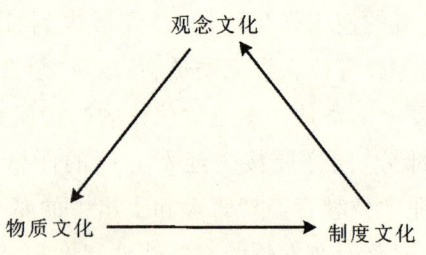

图 3-13 文化系统的结构

图 3-13 显示,文化系统包含有观念文化、物质文化和制

度文化三个要素,观念文化存在于人们的脑海中,指导着人们参与实践、改造世界,从而创造出丰富多彩的物质文化。物质文化的丰富需要制定出一系列的制度文化,来规范和保证系统有序地运行。制度文化还在很大的层面上影响着人们的观念文化。

一般来说,社会中的文化包含两个层面,一是社会规则与行为习惯,二是价值观、审美观等思想文化。在社会规则与行为习惯方面,首先是法律规则,其次是道德约束,最后是行为习惯。法律规则指的是所有的社会成员首先必须要遵守宪法以及各项法律法规,不做违背法律规则的事情,否则就要受到法律的惩罚与制裁;道德约束指的是在一定观念影响下的人们共同的行为准则,社会中的人一般情况下都不能违背道德的约束,否则就要受到舆论的谴责;行为习惯指的是人们长期形成的生活方式或者行为定势,一般情况下人们总是遵循一定的行为习惯,但在不违背法律和道德的基础之上,打破行为定势的事情也时有发生,有时甚至能造成一定积极的影响。在社会的价值观、审美观等思想文化角度也有两个层面,一是对是非善恶美丑的判断,二是对符合自己判断的事物的追求。有的人以追求真理、服务社会为价值观,必然能够做出积极向上、勇于奉献的行为,有的人以拜金主义、享乐主义为价值观,必然导致腐朽的生活方式,甚至触犯法律和道德。同样是审美,有的人以朴素整洁为美,也有人追求"非主流"的审美方式,有的人喜欢歌剧、芭蕾,也有人喜爱二人转。对于价值和审美的判断往往并没有是非好坏之分,任何社会的价值观和审美观也总是在不断地发展和变化。但总的来说,都要以不违背当时社会的法律规则和道德要求为底线。党的十六届六中全会向全党提出要建设社会主义核心价值体系,在全社会树立科学的指导思想、共同的理想信念、强大的精神力量和良好的道德风尚,这是我们当前建设社会主义社会文化的思想基础。

而对于专业学位研究生来说,在学习期间更多地接触的是校园文化。校园文化是校园内所特有的文化。作为社会文化的一个组成部分,校园文化理所当然地具备社会文化所具有的全部特征。校园文化也可以被分为两个方面,一是行为规则与习惯,二是价值观。校园内的行为规则与习惯指的是任何教师和学生的行为首先要遵守学校的纪律和规定,其次要遵守校园内的道德准则和文明礼仪,最后是要尊重校园内约定俗成的习惯。校园内的价值观指的是师生对于校园内的人和事物的是非善恶美丑的判断与选择。校园文化往往表现为校风、学风、人际关系以及舆论等。在很多时候,校园内的建筑设计、景观绿化等也可以体现出校园文化。校园文化作为一种特殊的教育力量,对于学生的成长有着巨大的影响。

专业学位研究生所接触的文化和一般学术型学位研究生是有所区别的。专业学位教育以培养应用型人才为目标,就需要鼓励和要求学生大量投身实践,理论联系实际地进行学习,此外还有很大一部分专业学位研究生采取的是非全日制的学习方式。因此专业学位研究生接触的社会文化无论从广度还是深度上来说,都与一般研究生有所不同。

因此,要建设有利于人才成长的专业学位教育的文化系统,一方面要加强各种教育法律法规的建设,用先进的思想道德文化鼓舞人、教育人、引导人,在全社会树立竞争、和谐的氛围以及积极向上的社会风气。另一方面要重视引导师生以科学的态度看待社会上的各种现象,摒弃不良价值观的影响,同时在校园内树立崇尚科学、以人文本、求实进取、竞争合作的校风与学风。

3.5 本章小结

本章对我国专业学位研究生培养模式的系统边界进行了确定,结合专业学位与学术型学位研究生培养模式的比较、我国与美国专业学位研究生培养模式的比较,全日制与非全日制专业学位研究生培养模式的比较,提出职业导向性和知识发展性是我国专业学位研究生培养模式的本质特征。

随后运用内容分析的方法,遵循样本抽取、变量提取、属性归类以及结果讨论的步骤,得到我国专业学位研究生培养模式的九大系统要素,分别是:目标、管理、师资、课程、教学、学科、质量、资源和文化。它们各自具有下一级要素,共同构成了我国专业学位研究生培养模式的系统要素体系。

最后将我国专业学位研究生培养模式系统的九个要素视为子系统,并基于这些系统各自功能的不同将其再归类成为五个主要的子系统,分别是:目标系统;管理系统;培养系统,包含师资系统、课程系统、教学系统以及学科系统;质量保障系统;支撑系统,包含资源系统以及文化系统。分别对这些系统及其包含的下一级要素从概念内涵上进行了界定,从内部结构上进行了分析,并对其发展现状、问题和策略等等方面进行了阐述。

第四章

我国专业学位研究生培养模式的动态行为模式研究

4.1 系统动力学的结构描述方法

4.1.1 要素间的连接方式

在系统动力学中,系统被定义为"一个由相互区别、相互作用的诸元素有机地联结在一起,而具有某种功能的集合体"。[193]这一定义与系统论中对系统的定义是一致的。从这一定义可以看出,系统是由"元素"(或称组分、要素)及其相互间关系组成的有机整体。因此,要描述系统的结构,首先就需要描述系统各组成要素之间的连接关系。系统动力学用箭头将两个具有因果关系的要素连接起来,用来表述二者之间的关系,如图4-1所示。

图4-1中,箭头尾部的要素是"原因",而箭头指向的要素是"结果"。左图中的"十"号表示B要素随着A要素的增加

图 4-1 要素之间的连接方式

而增加,右图中的"一"号表示 D 要素随着 C 要素的增加而减少。因此,要素 A 与要素 B 之间是同向的连接关系,而要素 C 和要素 D 之间是反向的连接关系。系统动力学中所有对于系统结构的分析都离不开这两种最为基本的连接方式。

4.1.2 反馈回路

在一个系统中,如果各个要素之间的连接构成了一个闭环(或称闭合回路),那么就可以说它们构成了一个反馈回路。反馈回路的表示法如图 4-2 所示。

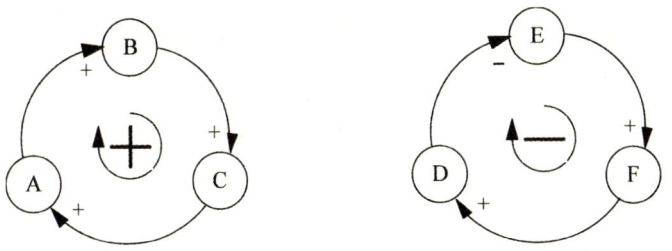

图 4-2 正反馈回路与负反馈回路

对于一个反馈回路来说,它必须是一个闭合的回路,组成回路的各个连接没有起始点,也没有终点,前一阶段所产生的结果作为下一阶段的原因,从而使得原来的趋势得到加强或者减弱。如图 4-2 所示,如果一个反馈回路中负反馈的个数为偶数个,那么这个反馈回路就是一个正反馈回路,也叫增强回路;如果负反馈的个数为奇数个,那么这个反馈回路为负反馈回路,也叫调节回路。每一个反馈系统中都至少包含了一个反馈回路。系统动力学就是研究反馈系统的一门学科。

4.1.3 存量与流量

为了更真实地模拟系统的实际行为,揭示各种量在动态过程中增减的规律,系统动力学还创造了存量和流量的概念。存量代表某一时刻物质、能量或信息的总量,而流量则代表了单位时间内物质、能量或信息流进与流出的量。一般情况下,以"水平"(level)表示存量,而以"速率"(rate)表示流量。

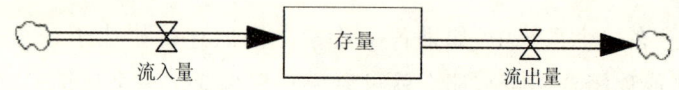

图 4-3 流量与存量

系统动力学认为物质、能量和信息在系统中的流动类似于液体的流动,因此用一个方框来表示"容器",用两条平行线表示"水管",两个相对的小三角形表示水管上的"阀门",用云朵型的图案表示"源"(即物质、能量和信息流入的来源与流出的目的地),如图 4-3 所示。箭头的方向表示物质、能量和信息流动的方向。随着时间的推移,物质、能量和信息按照特定的速率流入与流出,使得存量发生变化。

4.2 因果反馈分析

4.2.1 单纯增强回路分析

圣吉认为,系统结构所指的是随着时间的推移,影响行为的一些关键性的相互关系,这些关系存在于关键性的变数之间。[196]而系统思考主要就是通过找出各变量之间的因果反馈关系来分析复杂现象背后的系统结构,并找出杠杆解(leverage)。根据我国专业学位研究生培养模式系统的五个子系统——目标系统、管理系统、培养系统、质量保障系统和支撑系统,可以确定目标水平、管理力度、培养水平、质量监控力度以及内部支撑条件五个变量。这五个变量之间的因果反馈关系如图4-4所示。

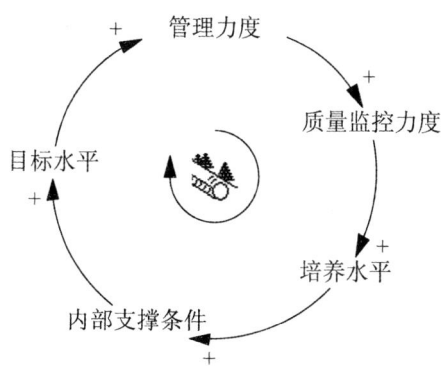

图4-4 我国专业学位研究生培养模式系统的因果反馈结构(增强回路)

图4-4是一个正反馈回路,表示的是在不考虑成长极限

的情况下,回路中的各个因素随着系统的反复运行不断增强。这个回路说明了如果人们对于专业学位教育的培养目标制定了比较高的标准,例如,要求培养出的人才应该具有较高的专业水平以及思想素质,那么基于这样的目标水平,相关部门就会加大对于专业学位研究生培养工作的管理力度,管理力度的加强意味着质量监控的力度也会加强,而这样必然带来专业学位研究生培养水平的提高,培养水平的提高将使得专业学位教育获得更好的声誉、更优秀的生源、更多的社会投入以及更适宜的发展氛围,这就巩固并加强了专业学位研究生培养模式的内部支撑条件。而在内部支撑条件不断完善的同时,专业学位培养工作的实施者和参与者也得以总结经验,提出并实现更高的发展目标以及更好的教学研究计划。系统由此进入一个良性循环,使得专业学位研究生的培养水平不断发展,达到一个很高的程度。

因此,如果这样的因果关系是始于一个较高的目标水平,那么经过系统的反复循环运行,最终必然可以使培养水平不断提高并达到一个高位状态。但是增强回路的功能除了快速增强之外,也可能是快速的衰退。如果某一个要素出了哪怕是一个很小的问题,这个问题恰好又不能通过系统中的其他结构得到调节或者修正,它就可能通过增强回路的循环运行得到指数增长式的加强,从而出现"蝴蝶效应",使得整个系统陷入一个恶性循环的状态,可以预期,这种情况下得到的必然是越来越低的培养水平。图4-5表现了单纯增强回路的动态特性——指数增长或者指数衰退。

然而,如果系统中仅有一个单纯增强回路,那么培养水平就将呈指数式的增长,并在某一阶段达到一个无穷大的状态,显然这是不符合现实情况的。在某一历史阶段上,现实中的

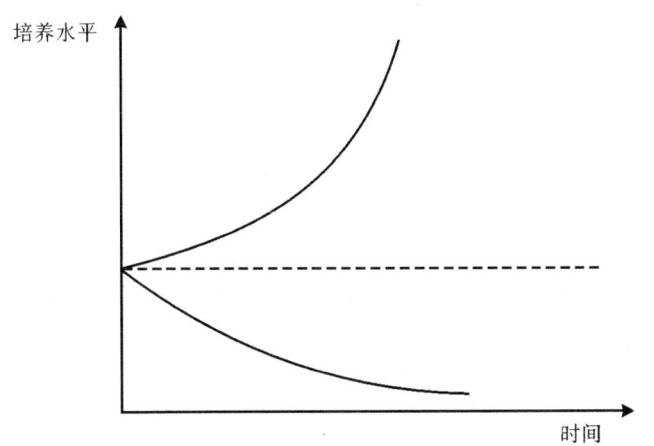

图 4-5　单纯增强回路的动态特性

培养水平即使是保持了长时间的增长,最终也会受到各种因素的制约,从而使得培养水平的提高总是渐进地实现,甚至也会出现倒退的情况。分析这样的现象,就需要引入调节回路的概念。

4.2.2　成长上限回路分析

上一小节阐述了我国专业学位研究生培养模式系统结构的单纯增强回路的特性,但是,增强回路的另外一个重要特点是它不会一直单独运作下去,而总是伴随着调节回路一起出现,运作到一定程度的时候就遭遇成长的极限,使得系统的增长减缓、停止甚至转向衰退。彼得·圣吉[196]在《第五项修炼》中以"成长上限"来形容这种情况,并设计了"成长上限基模"。图 4-6 是根据"成长上限基模"画出的我国专业学位研究生培养模式系统的基本结构。

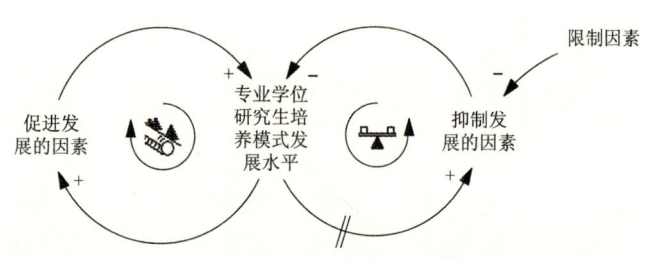

图 4-6 我国专业学位研究生培养模式系统结构的成长上限回路(1)

图 4-6 中左边是代表促进专业学位研究生培养模式发展的增强回路,右边是抑制专业学位研究生培养模式发展的调节回路,两个回路通过"专业学位研究生培养模式发展水平"这样一个变量连接在一起。这一结构说明了,专业学位研究生培养模式的发展水平,一方面由于增强回路中的各种促进因素的作用不断得到提高,另一方面由于系统内外存在的各种抑制因素,使得发展总是受到一定制约,甚至可能出现倒退。

这一基本结构也说明了,专业学位研究生培养模式的发展过程,归根结底就是其内部结构中促进其发展以及抑制其发展的正负反馈机制共同作用的结果。对于专业学位研究生的培养模式来说,是发展还是停滞,取决于当时起主导作用的回路是增强回路还是调节回路。当增强回路起主导作用时,专业学位研究生的培养模式不断发展,培养水平迅速提高;当调节回路起主导作用时,专业学位研究生的培养模式发展放缓直到停止,培养水平也得不到提高。

虽然在现实情况下,促进和抑制专业学位研究生培养模式发展的因素和机制众多而复杂,每个因素或者机制作用在系统结构中的具体位置以及变量都可能大相径庭。但是,所有的变量以及机制最终都可以通过增强回路和调节回路的连接得到表达。

图 4-7 表现了增强回路和调节回路共同作用下（即具有成长上限约束）的专业学位研究生培养模式的发展状况。

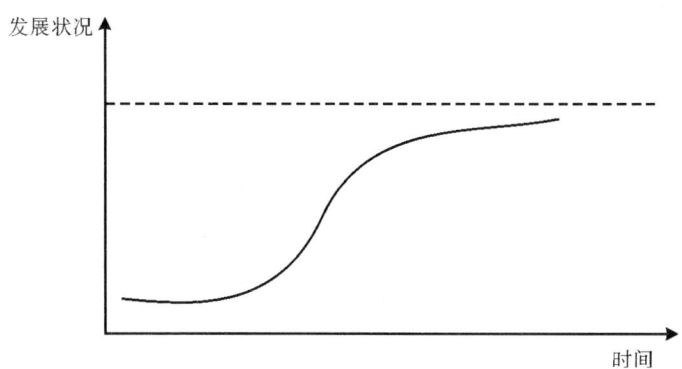

图 4-7 具有成长上限约束的专业学位研究生培养模式发展动态特性

值得注意的是图 4-6 所示的调节回路上的"//"符号，这是一个表示"时间延滞"的符号，表示它所在的反馈中存在信息上的延迟。在实际中，增强回路以及调节回路所形成的系统结构往往具有千姿百态的特点，被称为"动态性的复杂"。造成这种复杂性的一个重要原因就在于系统中常常存在"时间延滞"，使得人们在短期内无法得到充分的信息而"反应过度"，从而造成系统的振荡，增加了系统的复杂性，也造成资源的浪费。图 4-6 中出现的时间延滞，往往使人们无法很快意识到抑制发展的因素可能在将来的某一时间发挥作用，也不能抓住"限制因素"这一杠杆解，而是陶醉在当前快速发展的大好局面之下，并且不断试图推动增长回路的运行。这种不考虑限制因素而始终用力推动增长回路的行为被圣吉称为"症状解"。"症状解"在短期内看似有一定的效果，因此具有麻痹性，会促使人们不再去寻求能够从根本上解决问题的"杠杆解"，而是一直依赖于"症状解"。然而，看似有效的"症状解"在推动增强回路的同时也在不断加强抑制因素的作用，从而使得系统发展的阻力和障碍越来越大，问题越来越难以得到解决。

当然，专业学位研究生的培养模式系统是由许多要素和机制组成的，其系统结构与此相比要复杂许多。如果将这一系统所包含的所有变量、机制以及反馈环都考虑进来，那么将是一个无比庞大和复杂的系统。不仅仅要考虑大量的变量，而且所有促进发展的因素和抑制发展的因素都将联合在一起发挥作用。因此，我国专业学位研究生培养模式系统的实际因果结构绝不是那么简单，反馈环绝不止一两个，连接的方式也不止一两种。然而，无论多么复杂，最终推动我国专业学位研究生培养模式发展的，总是增强回路，而使得增长减缓至稳定的，一定是调节回路。因此也可以这样解释，无论这个系统的结构有多么复杂，最终都可以通过上述的因果描述形式得到分析。

最后，通过上述分析也可以知道，要推动我国专业学位研究生培养模式的发展，首先要判断系统中处于主导地位的回路是增强回路还是调节回路，如果是增强回路起主导作用，那么系统还处在成长阶段，需要大力推动增强回路运转，以获得培养模式的发展；如果是调节回路起主导作用，就不应继续推动增强回路，而需要找到并去掉抑制因素，使得系统整体处在一个良性循环之中。

本节分析了我国专业学位研究生培养模式系统的因果反馈结构，提出如下观点：首先，目标水平、管理力度、质量监控力度、培养水平和内部支撑条件五个变量可以构成一个增强回路,这个增强回路的作用使得我国专业学位研究生的培养模式不断发展;其次,由于某些因素的影响,增强回路也可能导致我国专业学位研究生培养模式系统走向衰退;再次,具有成长上限约束的我国专业学位研究生培养模式系统受到增强回路和调节回路的双重作用,其发展呈现S形的增长模式;最后,要突破成长上限的约束,使得我国专业学位研究生培养模式系统得到持续发展,必须在系统增长出现停滞之前找到并移除限制因素,而不是在出现停滞的情况下继续努力推动增强回路。

4.3 我国专业学位研究生培养模式系统结构的动态运行模型

如上文所述,我国专业学位研究生培养模式的系统结构可以通过一个因果反馈回路来表示。图4-8表示了由目标水平、管理力度、质量监控力度、培养水平以及内部支撑条件五个变量及其相互间因果关系构成的我国专业学位研究生培养模式系统的增强回路。

通过上文的分析可知,这个回路的行为特点就是指数增长或者指数衰退,并且这样的增长或者衰退是无穷无尽,没有极限的,其发展呈现指数增长的动态特性。图4-9表示了基于单纯增强回路的我国专业学位研究生培养模式系统结构的系统动力学模型。

可以看出,这一模型是在"目标水平→管理力度→质量监控力度→培养水平→内部支撑条件"的回路基础之上,增加相关变量形成的。但同时基于上文的分析我们也知道,这样的单纯增强

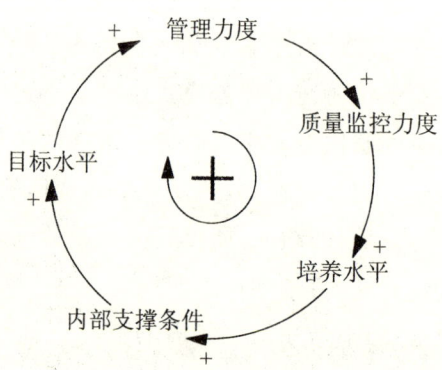

图 4-8 我国专业学位研究生培养模式系统的增强回路

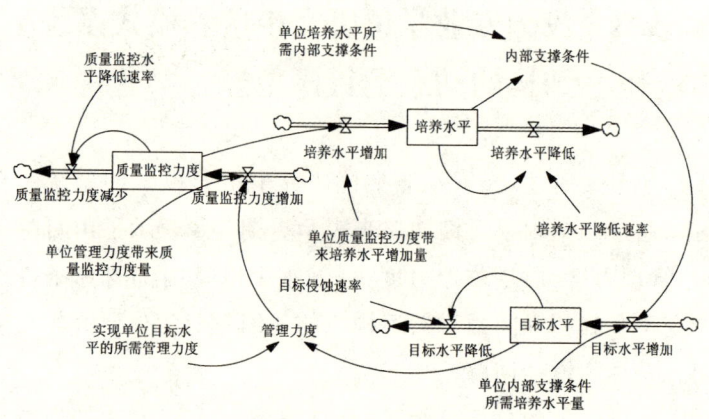

**图 4-9 基于单纯增强回路的我国专业学位
研究生培养模式系统结构模型**

回路并不能真实地反映现实情况。需要加入对于调节回路的分析。由于这一增强回路已经反映了我国专业学位研究生培养模式系统内部的所有要素和子系统,因此其调节回路需要考虑系统外部的制约因素。资源的有限性可以概括这些外部制约因素的内容。这里的资源有限性,包括了资金、设备、人才、技术以及信息等诸多方面的有限性。对专业学位教育的投入总是在一定的范围之内,这是造成资源有限性的重要原因。增加调节回路后,得到了一个成长上限回路,具体如图 4-10 所示。

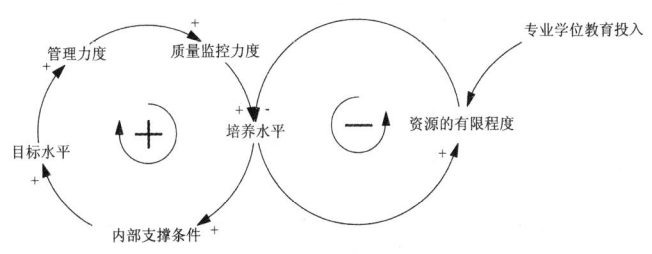

图 4-10　我国专业学位研究生培养模式系统结构的成长上限回路(2)

根据图 4-10 的分析,在单纯增强回路模型的基础之上,又增加"专业学位教育投入"和"资源的有限程度"两个变量,并和"培养水平"、"培养水平增加"以及"培养水平提升量"共同构成一个调节回路。具体模型如图 4-11 所示。

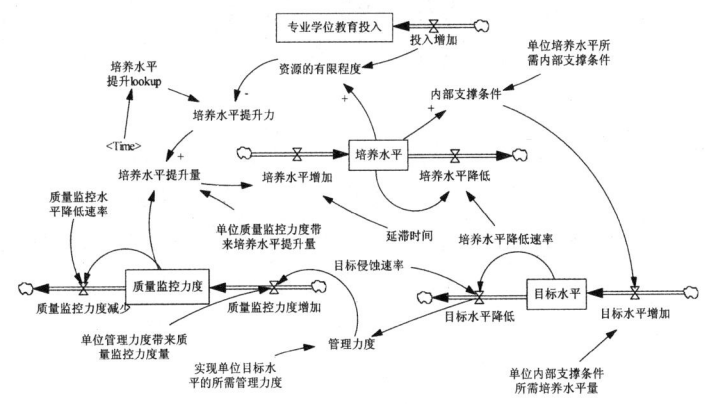

**图 4-11　基于成长上限回路的我国专业学位
研究生培养模式系统结构模型**

图 4-11 所示的模型反映了一个体现我国专业学位研究生培养模式内部结构的增强回路以及一个体现外部资源制约的调节回路。增强回路表示我国专业学位研究生的培养模式会随着各个变量的反复循环运行而得到发展,表现为专业学位研究生培养水平的提高。调节回路表示我国专业学位研究生培养模式的发展会受到专业学位教育投入的制约,在特定的专业学位教育投入水平下,培养模式越是快速发展,资源的有限程度就越发突出。

在这个模型中,为了反映随着资源有限程度的日益突出,这一系统提升培养水平的能力就越发减弱的事实,引进了"培养水平提升力"这一变量。这一变量指的是我国专业学位研究生培养模式系统提升自身培养水平的能力。显然这一变量的值会随着资源有限程度的增加而不断减少。也正是因为这个量的不断减少使得它所在的回路成为一个调节回路。当"资源的有限程度"一开始处于最小值的时候,"培养水平提升力"处于最大值,之后随着系统的运行,资源逐渐耗尽,"资源的有限程度"逐渐增大并最终达到最大值。而这一过程中"培养水平提升力"逐渐减小并趋近于 0。"培养水平提升力"的下降速度并不总是一致的。由于系统的发展具有先慢后快、之后又趋缓的特点,其消耗资源的速度也应该与此一致。同理,"培养水平提升力"的下降速度也具有这样的特点。但由于这一变量和时间变量之间的关系是一个非线性的关系,很难通过简单变量之间的函数关系来实现。系统动力学提供了一种"表函数"工具可以很方便地描述这样的非线性关系。图 4-12 是"培养水平提升力"的表函数。

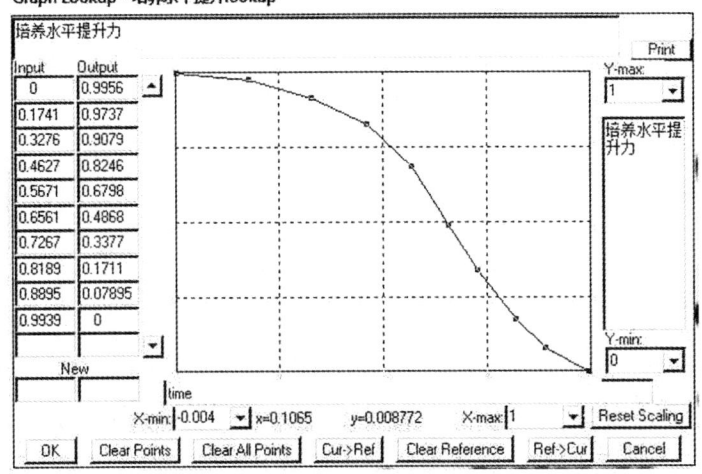

图 4-12 培养水平提升力表函数

4.4 我国专业学位研究生培养模式系统的动态运行模拟

4.4.1 基于单纯增强回路的系统动态运行模式

根据基于单纯增强回路的我国专业学位研究生培养模式系统结构模型,分别设置各个常数参量的值,对系统结构的运行模式进行模拟。各个常数参量的值如表 4-1 所示。

表 4-1　基于单纯增强回路的系统结构模型动态运行的模拟参量值

	单位内部支撑条件所需培养水平量	实现单位目标水平所需管理力度	单位管理力度带来质量监控力度	单位质量监控力度带来培养水平增加量	培养水平降低速率	单位培养水平所需内部支撑条件	目标侵蚀速率	质量监控水平降低速率
run1	0.5	1	1	1.5	0.1	1.5	2.5	1
run2	0.5	1	1	0	0.1	1.5	2.5	1

选取"培养水平"作为我国专业学位研究生培养模式发展的指标，运行模型后结果如图 4-13 所示。

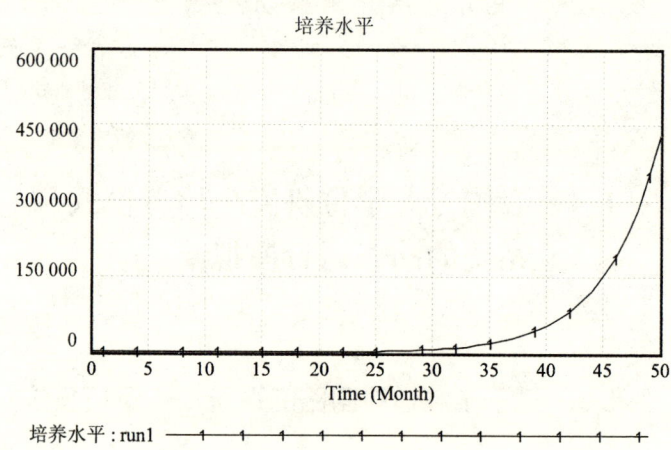

图 4-13　基于单纯增强回路的系统动态运行结果

运行结果显示，"培养水平"这一变量呈现出典型的增长模式。从图像上看，在系统开始运行的很长一段时间里，培养水平并没有明显的变化。然而在这段时间之后，系统的增长逐渐明显,快速上升并很快达到了一个非常大的值。这就说明了,在不考虑抑制因素的情况下,系统可以以一种快速的方式无限增长。然而上一节也提到了,增强回路的功能除了快速增长之外,也可能是快速衰退。二者之间的转变需要一个推动力。

例如,在 run1 运行的基础上,将参数"单位质量监控力度带来培养水平增加量"的值设定为 0,表示在某种情况下,由于不恰当的质量监控行为,导致质量监控无法发挥应有的作用,不能保障我国专业学位研究生培养的质量。将这项运行命名为"run2",运行情况如图 4-14 所示。

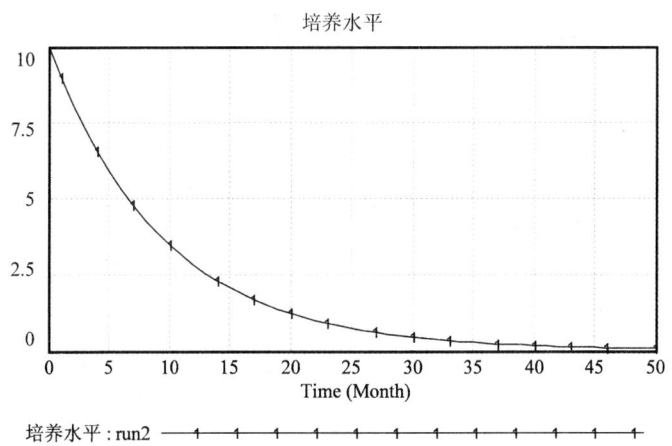

图 4-14 改变参数值后的系统动态运行结果

运行的结果显示,在参数"单位质量监控力度带来培养水平增加量"的值为 0 的情况下,培养水平呈现快速下降的运行模式。然而不管是增长还是下降,系统的结构是一样的,所不同的是系统运行的触发模式不同,本质上来说就是速率常量性质的不同。因此,这也说明对于我国专业学位研究生培养工作来说,一方面要努力推动增强回路的运行,另一方面也需要处理好每一个要素及其相互之间的关系,以防止衰退现象的发生。

这一增强回路的两次运行结果也说明了,从实施一项新政策的角度来看,一项好的政策可能需要很长的时间才能显示出它的优越效果,但是政策的执行者往往由于各种急功近利的因素转而采用其他短效但是不能治本的办法。因此不利于系统的长远发展以及问题的根本解决。对于我国的专业学位教育来说,由于这种教育形式设置的时间比较短,还需要一个不断调整与完善的过程,因此短时间内并不能充分显示其在人才培养、应用型研究以及社会服务等方面的优越性。在实践中出现了一些认为专业学位"低人一等"或者与学术型学位没有区别等观点,就与当前我国的专业学位教育发展水平不够,还没有显示出其特点与优越性不无关联。再比如,要构建一个科学合理的专业学位研究生培养模式系统,需要多方面的努力以及一个渐进的过程,某一项改革策略的实施,比如建立专业学位教育的信息库、案例库,以及多方参与的质量保障体系等等,都需要比较大的投入和不断试误直至最后成功的过程。因此改革的过程中要谨慎决策,同时保证政策在一段时间内的稳定性。

4.4.2 基于成长上限回路的系统动态运行模式

根据我国专业学位研究生培养模式的系统结构模型,运行后得到典型的S形增长曲线。

从基本运行结果(见图4-15)可以看出,在调节回路的作

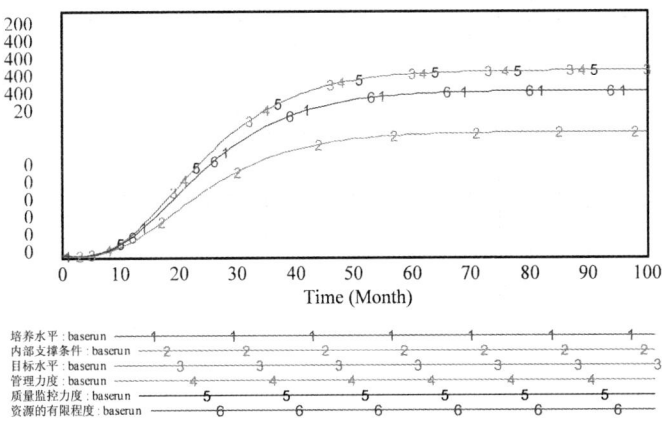

图 4-15 基本运行结果

用下"培养水平"、"内部支撑条件"、"目标水平"、"管理力度"、"质量监控力度"以及"资源的有限程度"六个变量的运行都呈现出典型的 S 形增长曲线。这种现象说明了,在系统运行的初期,由于增强回路的作用,专业学位研究生的培养模式系统先是迅速成长,在发展到一定阶段的时候,系统的主导回路逐渐转为调节回路,系统增长趋缓并逐渐稳定在一个固定值上。

但以上所描述的是调节回路具有外生恒定目标值且这个目标值不为 0 的情况,当目标值为 0 或者趋近于 0 的时候,也就是假设外界资源可能被耗尽的情况下,这时越努力地要推动增强回路的成长,反而客观上促使资源被更快地耗尽,系统在最初的增长后,反而出现衰退。这时六个变量的运行曲线如图 4-16 所示。

当然,对于我国专业学位研究生的培养模式来说,外界环境供给的资源,如资金、设备、人才、技术和信息等被完全耗尽的情况应该是很难出现的,更符合实际的情况应该是:这些资

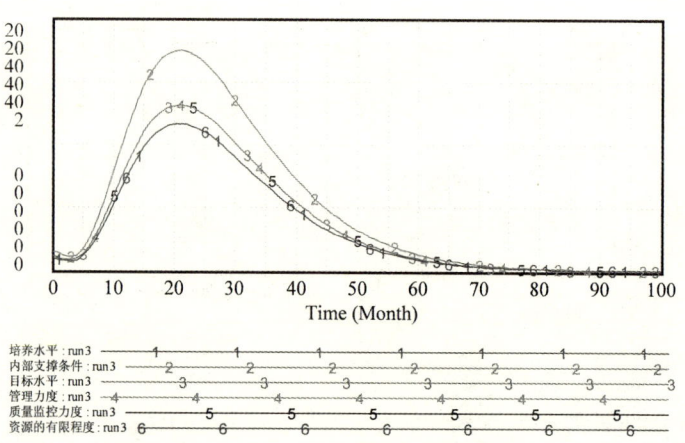

图 4-16 系统迅速成长后转向衰退(1)

源中的某一项,例如人才或者资金出现了严重短缺,从而导致专业学位研究生培养质量的下滑。这时的系统运行情况应该是如图 4-17 所示。

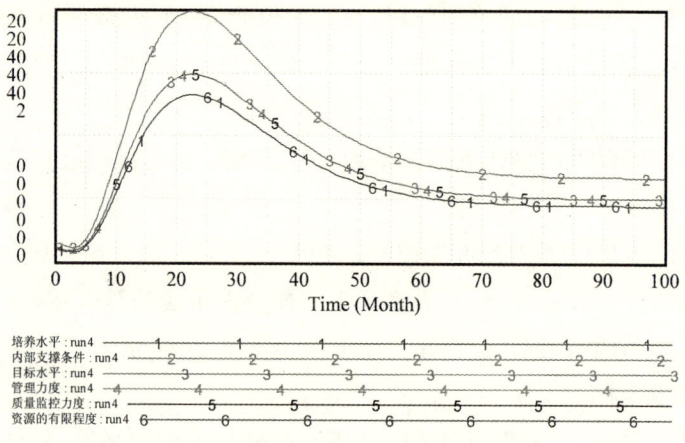

图 4-17 系统迅速成长后转向衰退(2)

由图 4-17 可以看出，在资源总量不足但又不至于完全耗尽的情况下，系统先是快速增长，之后出现衰退的现象，在衰退到一定程度的时候系统逐渐转为一个比较稳定的状态。但这样的稳定状态是在一个比较低的水平上。这样的模拟更符合现实情况，一个衰退的专业学位研究生培养模式系统不至于完全消亡，但其培养水平停滞在一个很低的值上。

通过上文的分析可以知道，在资源具有有限性的情况下，我国专业学位研究生培养模式系统的发展一般呈 S 形增长模式。在系统发展到一定阶段时，越是努力地推动增强回路，就会越快地耗尽资源，从而使系统走向衰退。解决问题的杠杆解不在增强回路上，而在调节回路上。为了验证这一点，在 run5 与 run6 中，对"专业学位教育投入"的量稍作增加，分别为初始值的 2 倍和 3 倍，运行模型并与 baserun 的情况作对比，结果如图 4-18 所示。

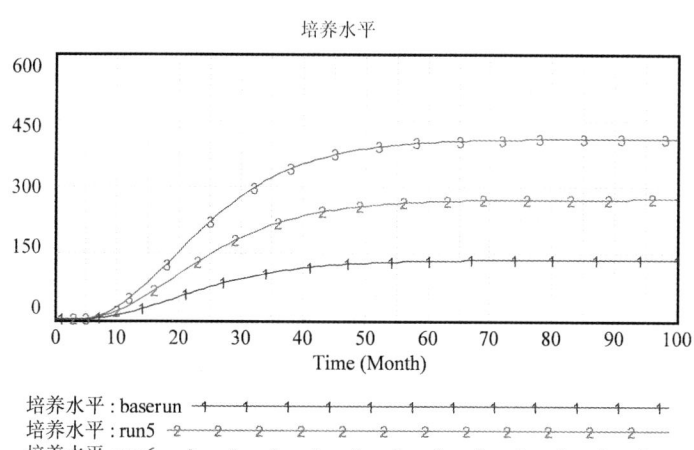

图 4-18 "专业学位教育投入"初始值测试

结果显示,改变专业学位教育投入的初始值后,系统的运行模式并没有根本性的改变,系统的成长到了一定的阶段就逐渐趋缓并稳定在一定的水平之上。但是可以看到的是,由于专业学位教育投入初始值的改变,使得系统的成长具有了更大的空间。在 baserun 条件下培养水平具有一个比较低的极值,而在 run5 与 run6 条件下更高的专业学位教育投入使得系统在一个更高的水平上达到稳定状态。

更高的专业学位教育投入能够使得专业学位研究生培养模式也同样达到一个更高的水平,这本来是显而易见,无须证明的。但是这一运行结果却向我们揭示了:任何发展都要受到某种因素的制约而具有停滞的可能;要使得专业学位研究生培养模式获得持续、健康、稳定的发展,就必须在系统仍然处于快速发展的阶段时就加强各种问题反馈机制的建立,及时发现问题、解决问题,同时加大各方面的投入,尤其是一些目前看来似乎不那么紧迫,但在将来可能发挥重大有益影响的基础设施、师资培养以及信息库、案例库等方面的先期投入。我国的专业学位教育正处在这样一个快速发展的阶段,制定各项决策的时候更应该考虑长远,未雨绸缪,切忌盲目乐观,只看眼前的短视行为。

4.5 本章小结

本章运用系统动力学的理论和建模方法,分析了我国专业学位研究生培养模式系统的因果反馈结构,建立了我国专业学位研究生培养模式的系统结构模型,并在此基础之上对模型的动态运行模式进行了模拟。研究表明,目标水平、管理力度、质量监控力度、培养水平和内部支撑条件五个变量可以构成一个增强回路,正是这个增强回路的作用不断推动着我国专业学位研究生培养模式系统不断向前发展;由于某个触发因素的作用,增强回路也可能使系统迅速衰退,因此必须处理好系统中的每一个要素及其关系;具有成长上限约束的我国专业学位研究生培养模式系统受到增强回路和调节回路的双重作用,其发展呈现S形的增长模式,系统在快速增长之后其发展必然趋缓并稳定在一个固定值上;要突破成长上限,使我国专业学位研究生培养模式系统获得持续稳定的发展,关键是在系统增长出现停滞现象之前找到并移除限制因素。

相比于以往研究中仅把培养模式的各个要素当成各自独立的部分相比,本章的研究揭示了各个要素之间的因果反馈关系,并且建立模型描述了系统运行的趋势和规律。这部分研究为进一步认识专业学位研究生培养模式系统提供了更广阔的视野。

第 五 章

我国专业学位研究生培养模式的系统结构模型及仿真分析

5.1 我国专业学位研究生培养模式系统结构的因果反馈分析

5.1.1 系统动力学的因果反馈分析方法

系统动力学以反馈控制理论为基础研究社会系统的问题,是一门定性和定量相结合的系统分析方法。其主要的建模分析方式就是建立因果反馈图以及流图,认为对系统结构的研究就在于对系统要素之间因果关系的分析,系统的结构决定其功能。

系统动力学主要是研究要素之间的因果关系,要理解系统动力学的因果反馈分析方法,首先要理解三个概念:反馈、反馈回路以及反馈系统。

反馈。"反馈"即信息的传输与回授。[193]在控制论中,反馈指的是系统的输出回到系统的输入端,并以某种形式影响系统功能的过程。反馈可以分为正反馈与负反馈。正反馈能使得输出量与输入量起到相同的作用,从而不断增强系统偏差,导致系统发生振荡;负反馈能使得输出量与输入量起到相反的作用,从而使得系统输出逐渐趋近于系统目标,令系统趋于稳定。

反馈回路。反馈回路就是由一系列因果与相互作用链组成的闭合回路或者说是由信息与动作构成的闭合路径。[193]同样,反馈回路也有正反馈回路与负反馈回路的区分。正反馈回路能强化系统的功能,而负反馈回路则能够起到使系统内部稳定的作用。

反馈系统。反馈系统是相互联结和作用的一组回路。[193]反馈系统同样可以分为正反馈系统和负反馈系统。以正反馈回路起主导作用的系统称为正反馈系统,以负反馈回路起主导作用的系统称为负反馈系统。

分析系统结构以及预测社会经济系统长期发展趋势的问题时,可以采用系统动力学的分析方法。

对我国专业学位研究生培养模式的因果反馈分析,就是要对我国专业学位研究生培养模式系统中的各要素、子系统之间的因果关系进行分析,研究这些系统内部是一种正反馈的因果关系结构、还是负反馈的因果关系结构,抑或是无法简单进行分析的复杂反馈结构。通过这样的分析,预测系统可能的发展趋势,并提出可能的管理模式以及对策。

5.1.2 我国专业学位研究生培养模式各子系统的因果反馈分析

5.1.2.1 目标系统的因果反馈分析

图 5-1 所示即为我国专业学位研究生培养模式目标系统各要素及它们之间的因果反馈关系。在现实生活中,当整个社会具有一个比较高的教育理念水平时,会引起人们对于人才培养的高期待,因此所制定的培养规格也将保持在一个比较高的水平上,培养行为的质量将随着培养规格水平的提升而提升,而高的培养行为质量将提升人才培养的质量,高质量的人才促进社会经济水平和教育水平的提升,也提高了人们对于教育的认识以及对人才培养更高质量的期待,因此又将促进教育理念的提升。

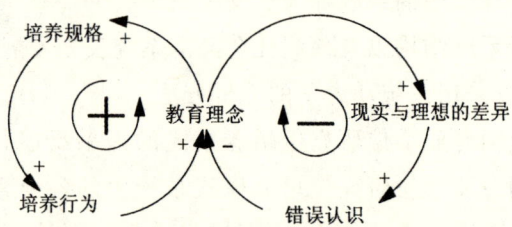

图 5-1 我国专业学位研究生培养模式目标系统的因果回路图

然而在教育理念得到提升之后,人们又开始用一种新的视角去审视专业学位研究生的培养现状,这一过程中会发现许多不足,教育理念提升的程度越高,发现的不足就越多。这就产生了现实与理想的差异,在这样的差异之下,人们就容易对专业学位研究生的培养目标、过程和质量等产生怀疑或者不正确的认识,例如,认为专业学位培养质量不如学术型学位、认为专业学位教育只是一种培训等,这些错误的认识将对教育理念产生削弱的影响。

这样的系统经过一段时间的运行会达到一个稳定状态,这就形成了一个"成长上限"。

5.1.2.2 管理系统的因果反馈分析

图5-2所示即为我国专业学位研究生培养模式管理系统各要素及它们之间的因果反馈关系。其中所表达的关系在现实生活中可以得到很好的印证。管理人员制订了管理制度,设置了管理机构。管理人员的群体结构,包括数量、构成以及素质等等水平越高,所制定的管理制度就越能适应现实的需要,所设置的管理机构也就越完善,运行效率也更高。完善的管理制度和管理机构能够产生高质量的管理行为,而管理行为水平的提高对于管理对象(包括人、财、物等)的质量能够起到正向的影响。这些影响包括,教职工具有更高的工作效率,毕业生质量更高,财物的分配更加科学高效等等。这又要求管理人员群体具有更高的水平和效率。

然而这一系统也要受到调节回路的制约。一方面,管理行为水平的提高会提升人们的教育理念水平,教育理念水平的提升会引起理想与现实的差异,而理想与现实的差异会导致错误认识的产生,错误的认识会对管理行为产生反向的影响。另一方面,由于物质资源的有限性,管理行为本身会消耗掉一部分资源,因此管理行为和物质资源能够形成一个调节回路。

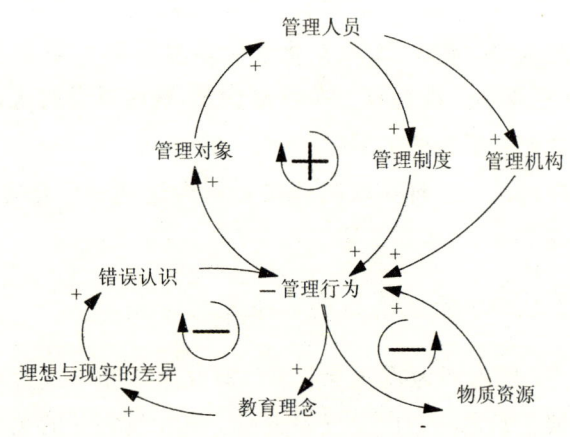

图 5-2 我国专业学位研究生培养模式管理系统的因果回路图

5.1.2.3 培养系统的因果反馈分析

我国专业学位研究生培养模式培养系统包括师资系统、课程系统、教学系统和学科系统。

图 5-3 为我国专业学位研究生培养模式师资系统的因果回路图。其所反映的现实情况是：现有教师的素质越高，师资队伍构成越趋合理，队伍构成合理，教师聘用的水平也更高；从调节回路的情况来看，现有教师素质和理想教师素质之间存在着差距，现有教师素质越高，这一教师素质差距就越小，教师素质差距越大，人们就相应地会加强培训提升的水平，培训提升的行为能够提高现有教师的素质。

图 5-4 所示为我国专业学位研究生培养模式课程系统的因果回路图。根据对现实的观察可以发现，良好的课程体系能够有助于课程内容的组织与呈现，而丰富的课程内容，本身就是良好课程体系的重要组成部分，课程内容越丰富越出色，

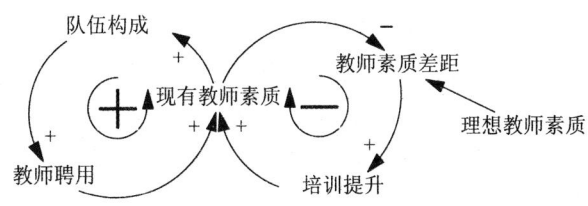

图 5-3 我国专业学位研究生培养模式师资系统的因果回路图

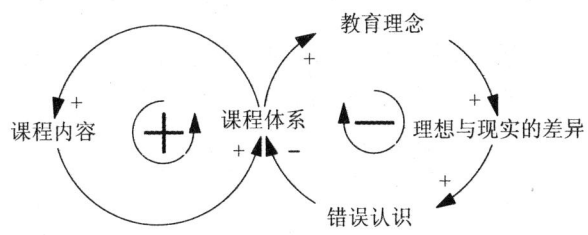

图 5-4 我国专业学位研究生培养模式课程系统的因果回路图

课程体系就越完善。因此课程内容和课程体系可以构成一个增强回路,二者之间呈现互相促进的作用。课程体系同样影响了教育理念,从而对理想与现实的差异产生影响并产生错误认识,错误认识的存在会对课程体系产生负面的影响。

图 5-5 是我国专业学位研究生培养模式教学系统的因果回路图。反映了随着教学方式的不断改进,教学过程得到了提升,同时随着教学过程的不断提升,教学方式也在其中不断得到改善这一现实情况。因此可以认为教学过程与教学方式呈现互为因果的关系。同时,随着教学过程的提升,教师的教学水平也在其中得到锻炼和提高,反之,教师的教学水平提高了,也就能促进教学过程的提升。教学水平同时受到现有教师素质的正向影响。

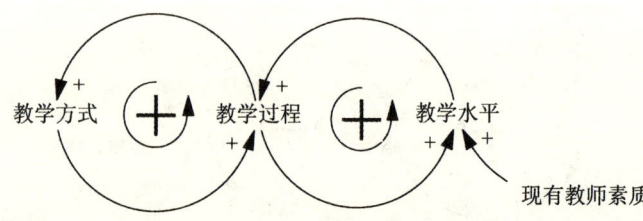

图 5-5 我国专业学位研究生培养模式教学系统的因果回路图

图 5-6 是我国专业学位研究生培养模式学科系统的因果回路图。学科设置和学科发展是互为因果的正反馈关系。反映在现实生活中,良好的学科设置能够作为学科发展的平台,促进学科的发展,而学科发展的结果之一就是学科设置的水平提高。在调节回路中,学科发展影响教育理念,从而推动了理想与现实差异的出现,导致错误认识,最终影响学科发展。

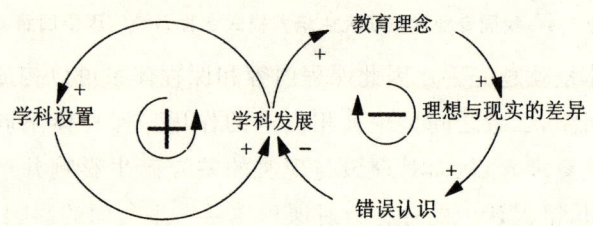

图 5-6 我国专业学位研究生培养模式学科系统的因果回路图

图 5-7 是我国专业学位研究生培养模式培养系统的因果回路图。由师资、课程、教学和学科四个子系统组成,在四个子系统的基础之上,增加了"教学过程→课程内容"以及"学科设置→教师聘用"两个正反馈,表示教学过程的好坏决定课程内容呈现的好坏,学科设置增加,则必然要增加教师聘用的力度,这也反映了现实情况。

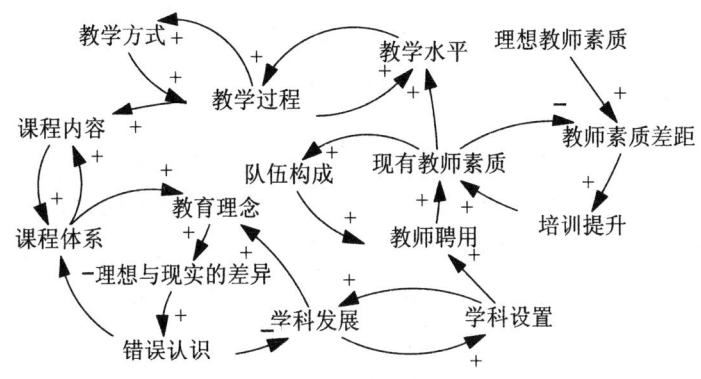

图 5-7 我国专业学位研究生培养模式培养系统的因果回路图

5.1.2.4 我国专业学位研究生培养模式质量保障系统的因果反馈分析

图 5-8 是我国专业学位研究生培养模式质量保障系统的因果回路图。该图表示质量意识、质量标准、质量评价和质量改进四个变量构成了一个增强回路。回路反映了这样的现实情况：随着质量意识的不断增强，所制定的质量标准也就更高，质量评价的水平也相应提高，最终促使了质量改进的不断推进，质量改进的行为又会推动质量意识的进一步增强。

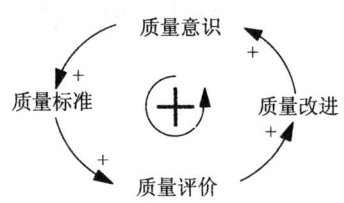

图 5-8 我国专业学位研究生培养模式质量保障系统的因果回路图

5.1.2.5 我国专业学位研究生培养模式支撑系统的因果反馈分析

图 5-9 是我国专业学位研究生培养模式支撑系统的因果回路图。该图表示物质资源和非物质资源二者之间存在着互为因果、互相促进的关系,这一点类似于物质和意识的辩证关系。而观念文化、物质文化和制度文化三者之间也同样存在着互为因果、互相促进的关系,这在第三章中已经得到论述。同时,非物质资源的增加能够促进观念文化的提升,这也是显而易见的。

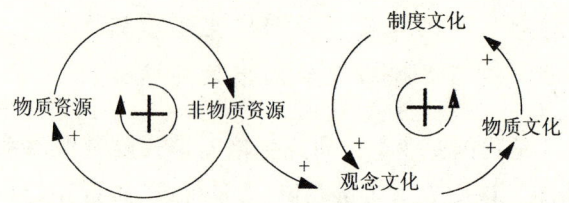

图 5-9 我国专业学位研究生培养模式支撑系统的因果回路图

5.2 我国专业学位研究生培养模式的系统结构模型

5.2.1 模型基本结构

根据上一章的分析可知,我国专业学位研究生培养模式的系统结构模型应由五个子系统也就是五个模块组成,分别是"目标模块"、"管理模块"、"培养模块"、"质量保障模块"以及"支撑模块"。图5-10所示为五个模块之间的关系,也就是我国专业学位研究生培养模式的系统结构模型的基本构造。

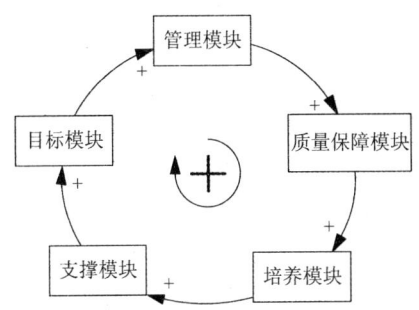

图5-10　我国专业学位研究生培养模式的系统模块结构

图5-10反映了模型的五个模块通过各变量相互连接,构成了一个增强回路。根据这样的思路,再结合上文关于五个子系统因果回路的分析,可以构建我国专业学位研究生培养模式系统结构的因果回路图。

图5-11所示的是我国专业学位研究生培养模式系统结构的因果回路图。该图是将我国专业学位研究生培养模式的各个子系统的因果回路图通过合并相同变量,并加入联系五个系统模块的正反馈之后得到的。图中加粗的线条即为联系五个系统模块的主回路。

以下将对五个子模块进行分别介绍。

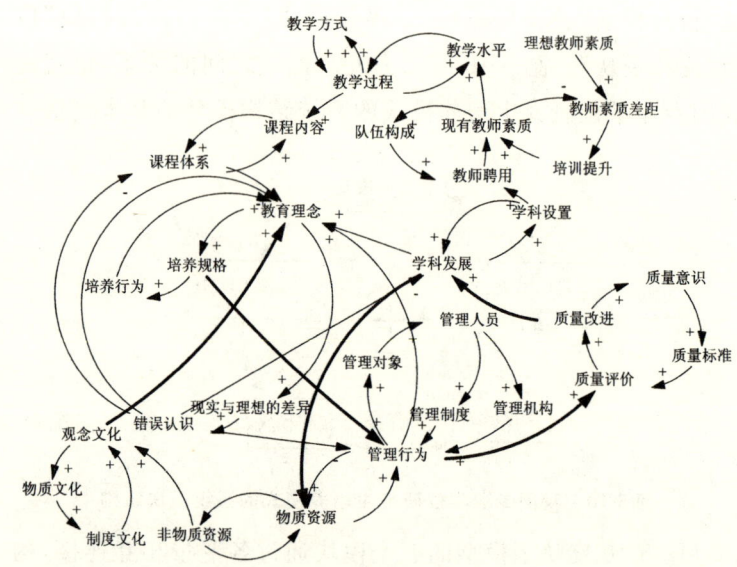

图 5-11 我国专业学位研究生培养模式系统结构的因果回路图

5.2.2 目标模块

图 5-12 所示的是我国专业学位研究生培养模式系统结构的目标模块。这一模块体现了教育理念和培养规格两个主要变量和其他变量的关系。由于教育理念和培养规格二者之中教育理念起到了更为决定性的作用,因此将它设为水平变量,主要研究教育理念在各种因素的影响下总体水平的提升或者下降。培养行为是增加的一个变量,体现的是培养行为的总体水平。在调节回路中体现了由于专业学位教育现实往往不能完全贴合教育理念的高要求导致人们对于专业学位教育产生错误的认识,而错误认识又阻碍了教育理念水平的提高。差异出现比率、错误认识产生率、教育理念损耗率、培养

规格在培养行为中体现的比率、教育理念提升率以及单位教育理念提升体现为培养规格的比率都是虚拟的速率变量,体现了在回路中上一个变量对下一个变量的影响率。学科发展、课程体系、观念文化以及管理行为都属于我国专业学位研究生培养模式系统结构的其他模块,会在下文中进行介绍。

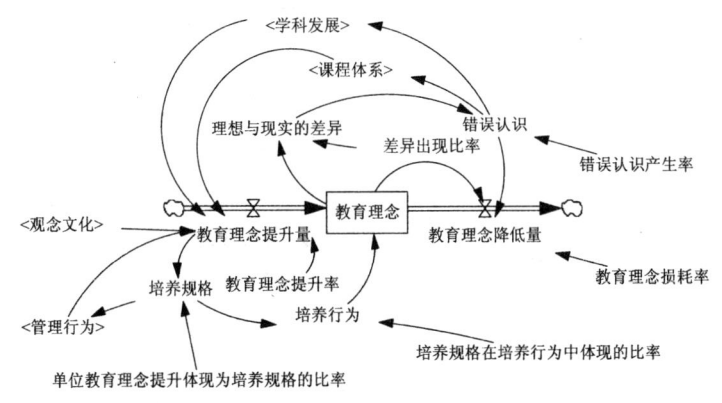

图 5-12　目标模块

5.2.3　管理模块

图 5-13 所示的是我国专业学位研究生培养模式系统结构的管理模块。这一模块体现了管理行为、管理制度、管理人员、管理机构以及管理对象五个主要变量的关系。其中管理行为是包含行为数量和行为质量在内的管理行为的总体水平,与管理制度、管理人员、管理机构和管理对象共同组成增强回路。模块中有两个调节回路,一个调节回路由教育理念、理想与现实的差异以及错误认识组成,说明错误认识可能削弱管理行为的水平,另一个调节回路由管理行为和物质资源

两个变量组成,说明充足的物质资源将增加管理行为的数量和质量,但管理行为一旦增加就将消耗物质资源,使得物质资源总量下降。教育理念提升率、差异出现比率、错误认识产生率、管理行为水平降低速率、管理行为水平提高速率、管理制度水平提高率、管理机构水平提高率、管理人员水平提高率以及管理对象水平提高率都是虚拟的速率变量。物质资源、质量评价和培养规格都是其他模块下的变量。

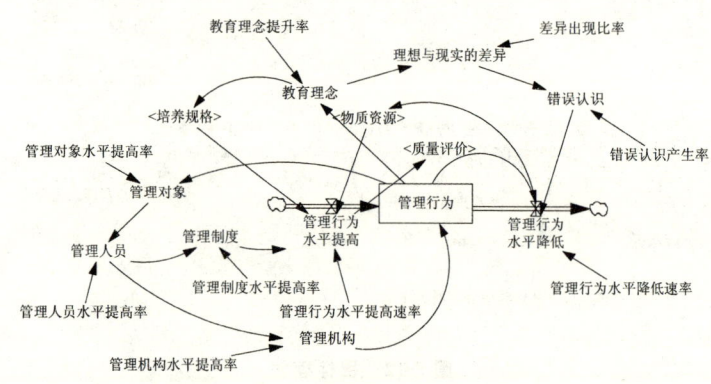

图 5-13 管理模块

5.2.4 培养模块

如图 5-14 所示是我国专业学位研究生培养模式系统结构的培养模块。这一模块由四个子系统组成,分别是课程系统、教学系统、师资系统以及学科系统。每个子系统都包含有各自的回路,因此培养模块包含有四个水平变量,分别是课程体系、教学过程、学科发展以及现有教师素质。课程体系和课程内容,教学过程和教学方式,教学过程和教学水平,现有教师素质、队伍构成和教师聘用,以及学科发展和学科设置各自构成了一个增强回路,体现这些变量之间两两相互促进的关系。现有教师素质、教师素质差距、培训提升、教师素质提高、教师素质降低几个变量构成了一个调节回路,说明教师素质的提高能够缩小现有教师素质和理想教师素质二者之间的差距,培训提升在其中起到关键性的作用。教育理念、理想与现实的差异以及错误认识三个变量构成的调节回路对其他增强回路起到影响。这一模块中包含两个速率变量,分别是教师素质提高率和教师素质降低率。由于此模型中速率变量取的全是虚拟值,在一定范围内的取值对于模型的运行趋势来说并没有根本性的影响,出于简化模型的需要,对于大量的此类变量在这一模块中并没有标明。

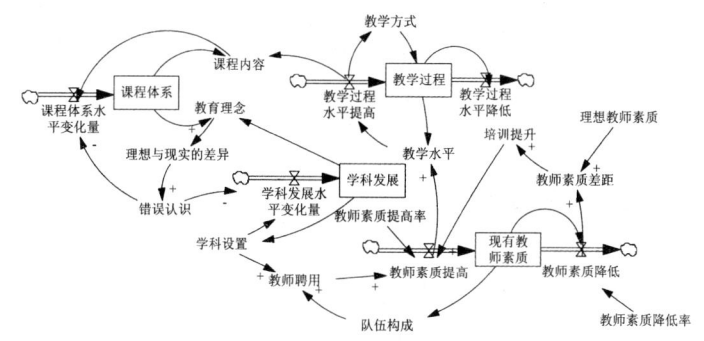

图 5-14 培养模块

5.2.5 质量保障模块

如图 5-15 所示是我国专业学位研究生培养模式系统结构的质量保障模块。从上文的研究可知,质量意识、质量标准、质量评价和质量改进四个变量构成了一个增强回路,其中,质量改进是质量保障系统所有活动的目标和出发点,因此将它作为水平变量。质量改进比率、质量评价提升率、质量标准提升率以及质量意识提升率是虚拟的速率变量。学科发展是其他模块的变量。在现实生活中,人们总是先有了需要提高专业学位研究生培养质量的意识,才会去制定相关的评价标准,标准制定之后才可能去进行相关的质量评价活动,最后实现质量改进,这与模型的描述是相符的。

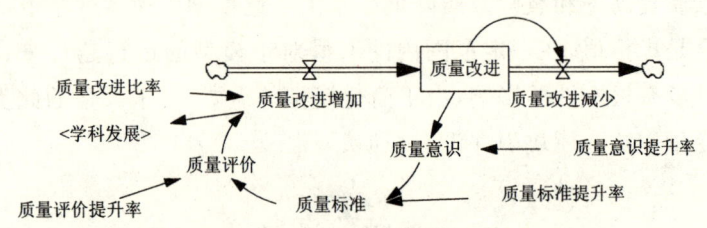

图 5-15 质量保障模块

5.2.6 支撑模块

如图 5-16 所示是我国专业学位研究生培养模式系统结构的支撑模块。模块由资源系统和文化系统两个部分组成,其中,物质资源和非物质资源呈现互相促进的关系,观念文化的进步推动了物质文化的发展,在此过程中制度文化不断形成并完善,这也符合现实的情况。两个系统通过非物质资源和观念文化之间的反馈关系得以连接,表示非物资资源的增加能够推动观念文化的发展。

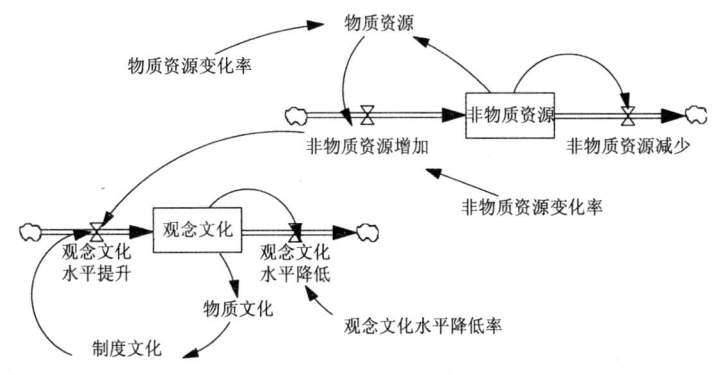

图 5-16 支撑模块

5.2.7 模型构建

基于上文的分析,结合五个模块的流图模型以及五个模块之间的基本反馈结构,在变量之间遵循"目标→管理→质量保障→培养→支撑→目标"的思路连接具有反馈关系的变量,同时合并相同的变量以及反馈结构,得到我国专业学位研究生培养模式的系统结构模型。

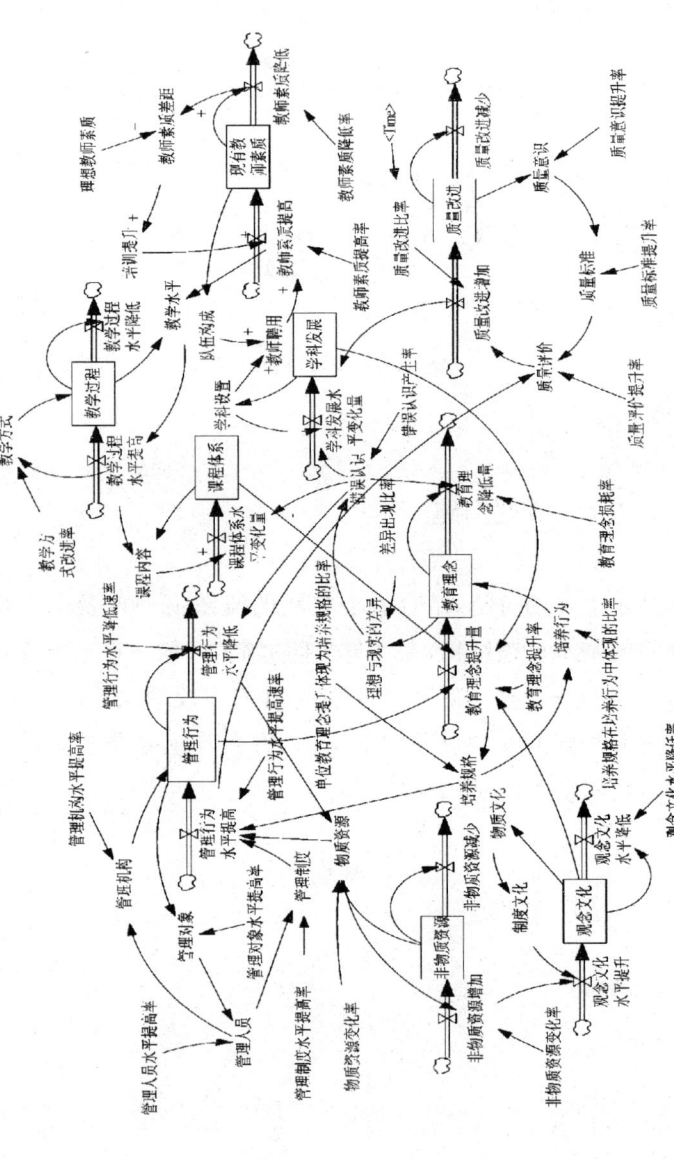

图5-17 我国专业学位研究生培养模式的系统结构模型

5.3 模型的模拟与仿真

下面将运行模型来检验专业学位研究生培养模式的相关发展策略。

国务院学位办在《关于加强和改进专业学位教育工作的若干意见》中指出,当前我国专业学位教育出现的问题主要包括对专业学位教育的重要性认识有待进一步提高,专业学位教育规模偏小,优秀教材与案例比较缺乏,师资总体水平有待提高,专业学位与职业或岗位任职资格之间的衔接不够紧密,质量保证措施尚需完善,等等。[4] 对这些问题进行分析后发现,对专业学位的重要性认识可以归入教育理念的范畴,专业学位教育规模的问题与学科建设有所关联,教材和案例不足的问题是教学系统的范畴,师资水平的提高是师资系统所包含的内容,专业学位与职业或岗位任职资格衔接的问题与管理制度建设密不可分,而质量保证措施的问题则明显属于质量保障系统的范畴。在这些问题和措施中,剔除不具有绝对影响关系的教育规模与学科建设、职业任职资格与管理制度两项,保留其他四个项目用于仿真分析。这四个项目是:提高目标水平(解决对专业学位重要性认识不足的问题),加强师资力量(解决师资水平提高的问题),提升教学水平(解决教材和案例不足的问题)以及提高质量保障水平(解决质量保证措施需要完善的问题)。

具体的步骤是,首先对模型进行一个基本的运行(baserun),之后依次在上述四个项目中选择一个参数,改变参数值,将运行结果与基本运行的情况进行两两比较,分析曲线的运行趋势和原因,验证相关政策的可行性和有效性。

5.3.1 基本运行

首先,在不考虑其他变动的情况下,对模型进行基本运行。选取几个主要参数值情况如表 5-1 所示,其他数值可参见附录。

表 5-1 基本运行参数值

	教育理念提升率	教师素质提高率	教学方式改进率	质量评价提升率
baserun	0.8	1.2	1.2	0.5

专业学位研究生教育的首要目的是进行高层次应用型人才培养以及应用型科学研究,所有的教育行为都是围绕着这两个目的展开的,一项改革政策是否成功,关键看是不是能够提高人才培养以及科学研究的质量。因此要讨论政策的可行性和有效性问题,就必须关注质量问题。基于这样的思考,选取"质量改进"作为衡量我国专业学位研究生培养模式发展的指标,运行结果如图 5-18 所示。

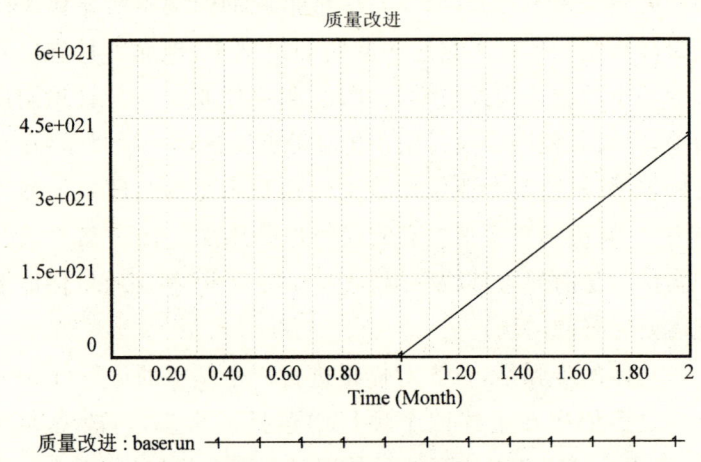

图 5-18 基本运行(baserun)结果

可以看出,在基本运行中,质量改进呈现出典型的增长态势。这说明在正常的运行条件下,我国专业学位研究生培养模式可以依靠其自身的内部动力实现培养质量的不断提高,也就是自组织的成长。

5.3.2 提高目标水平的作用测试

接下来测试提高目标水平条件下系统的运行情况。在目标模块中,将参数"教育理念提升率"从 0.8 提高至 0.9,表示适当提高目标水平,提升后的参数值如表 5-2 所示。

表 5-2 提高目标水平条件下系统运行的参数值

	教育理念提升率	教师素质提高率	教学方式改进率	质量评价提升率
baserun	0.8	1.2	1.2	0.5
run1	0.9	1.2	1.2	0.5

系统的运行情况如图 5-19 所示。

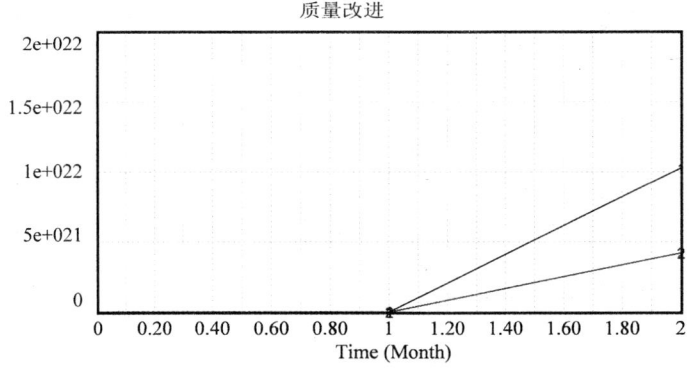

图 5-19 提高目标水平后的运行结果

从图中可以看出,在适当提高目标水平之后,系统的增长明显增加了,这就说明,采用包括加强重视程度等方式提高目标水平可以推动我国专业学位研究生培养模式系统的增长。

5.3.3 加强师资力量的作用测试

接下来测试在加强师资力量的条件下系统的运行情况。在培养模块中,将"教师素质提高率"从1.2调整到1.8,表示通过培训等方式加强了师资力量,调整后的参数值如表5-3所示。

表 5-3　加强师资力量条件下系统运行的参数值

	教育理念提升率	教师素质提高率	教学方式改进率	质量评价提升率
baserun	0.8	1.2	1.2	0.5
run2	0.8	1.8	1.2	0.5

系统的运行情况如图5-20所示。

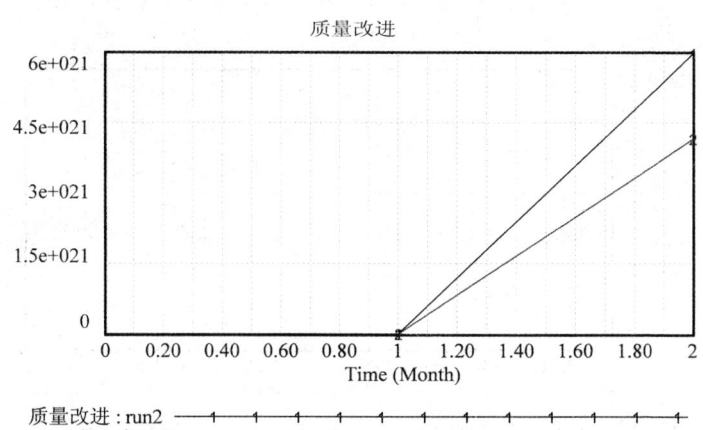

图 5-20　加强师资力量后的运行结果

从图中可以看出,质量改进的增长幅度在加强师资力量后得到了增强。这说明通过培训提升等手段提高师资的素质,能够有效地提升专业学位教育的质量。

5.3.4 提升教学水平的作用测试

现在进行提升教学水平的作用测试。在培养模块中将"教学方式改进率"由1.2提升至8,表示改进了教学方式,提升了教学水平,提升后的参考值如表5-4所示。

表5-4 提升教学水平条件下系统运行的参数值

	教育理念提升率	教师素质提高率	教学方式改进率	质量评价提升率
baserun	0.8	1.2	1.2	0.5
run3	0.8	1.2	8	0.5

系统的运行情况如图5-21所示。

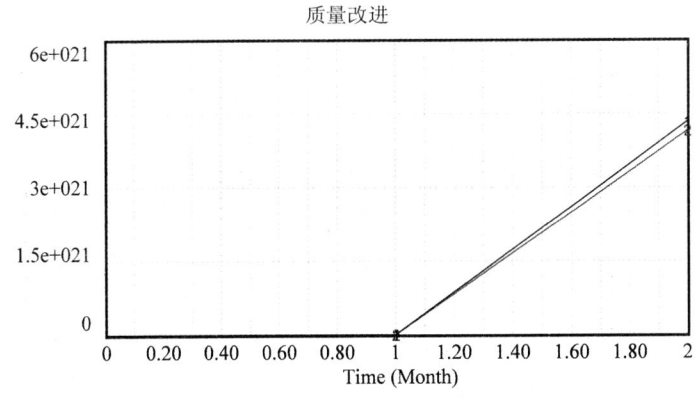

图5-21 提升教学水平后的运行结果

可以看出,提升教学水平后系统的质量改进幅度得到了一定的增强。这就说明通过开展案例教学、采用优秀教材、改进授课方式等途径可以推动我国专业学位教育培养质量的改进。

5.3.5 提高质量保障水平的作用测试

现在进行提高质量保障水平的作用测试。在质量保障系统中,将"质量评价提升率"的值从 0.5 提升至 0.8,表示提高了质量评价的增长水平,提高后的参数值如表 5-5 所示。

表 5-5 提高质量保障水平条件下系统运行的参数值

	教育理念提升率	教师素质提高率	教学方式改进率	质量评价提升率
baserun	0.8	1.2	1.2	0.5
run4	0.8	1.2	1.2	0.8

系统的运行情况如图 5-22 所示。

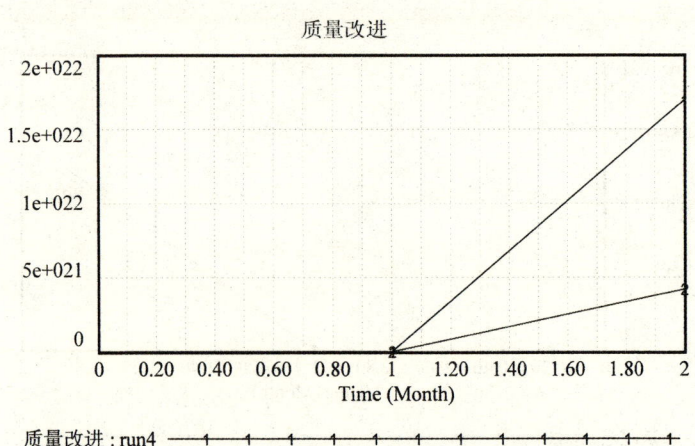

图 5-22 提高质量保障水平后的运行结果

从图中可以看出，提高质量保障水平后，质量改进幅度有了明显提高。说明通过完善质量保障体系、制定科学的评价标准、提高评价水平等方式可以改进专业学位教育人才培养的质量。

5.4 本章小结

本章首先分析了我国专业学位研究生培养模式及其各个子系统中要素的因果反馈关系，随后建立了我国专业学位研究生培养模式的系统结构模型，通过对提高目标水平、加强师资力量、提升教学水平以及提高质量保障水平四种管理政策的仿真检验，发现管理策略上的微小变化可以导致系统运行的重大变化。研究结果揭示了我国专业学位研究生培养模式系统具有动态复杂性，系统的形成是多因素长时间动态作用的结果，要提高我国专业学位研究生的培养质量，必须由目标、管理、培养、质量保障和支撑条件多个方面相互配合、整体推进才能实现。此外，模型的构建也为我国专业学位研究生培养模式的管理策略改进提供了一个仿真工具。

第六章

我国专业学位研究生培养模式的运行机制与功能分析

6.1 我国专业学位研究生培养模式的运行机制分析

6.1.1 自组织理论对本研究的理论适切性

自组织理论认为,系统的开放性是系统产生自组织行为的先决条件,非线性机制是系统产生自组织行为的根本依据,远离平衡态是系统产生自组织行为的必要条件,涨落是调整系统自组织行为的重要契机。[239]只要具备了这些条件,远离平衡态的开放体系出现耗散结构就是可能而非偶然的。因此,可以说这四个条件是系统自组织的关键判据。我国专业学位研究生培养模式作为一个复杂社会系统,同时具有这四个方面的特点,因此适宜运用自组织理论来解释其运行机制。

6.1.1.1 我国专业学位研究生培养模式是一个开放系统

物理学中,一个系统从外部环境中吸取高品位物质、能量来组织自身,再把低品位的物质、能量排放到环境中,叫作耗散。[194]也就是说,一个耗散系统必须是一个开放的系统。"开放"的含义是指这个系统不断地和外部环境进行物质、能量和信息的交换。这里的"低品位的物质、能量"是系统中产生的"代谢产物",被称为熵;而"高品位的物质、能量"被称为负熵。系统只有不断地和外部环境进行这样的交换,才有可能降低自身的熵,保证系统的运行与活力。对于我国专业学位研究生培养模式来说,同样具有这样"输入—输出"的过程。一方面,这个系统需要不断从外界输入人才、资金、知识、技术和信息,然后通过自身的教学和研究活动,产生高层次应用型的人才、适应于行业需要的知识和技术以及相关社会服务;另一方面,又必须将产生的这些人才、知识技术以及社会服务向社会输出,以满足行业的需要以及社会发展的要求。这样的"输入—输出"过程对于专业学位研究生培养模式来说,是永不停息的,一旦停止或者二者缺一,这个系统就失去活力、面临崩溃。根据熵增原理,在系统运行的过程中,会不断地产生无序、无效和混乱的因素,同时减少有效的能量。因此就有必要对人才、知识技术和信息进行有效的管理,在系统中不断引入增强负熵的因素。例如,在我国专业学位研究生培养的过程中,随着对研究生实践能力和应用水平要求的提高,原有的师资队伍中"偏重学术能力,而实践经验不足"的问题就凸显了出来,影响了教育培养的质量。要解决这样的问题,需要加大投入,在引进人才的时候着重选择聘用具有一定实践经验的教师,对于现有的教师多提供进入行业进行实践考察和学习培训的机会,不断优化师资队伍的结构,同时采用"双导师制",让行业专家成为研究生的实践指导教师。因此,我国专业学位研究生的培养绝不能搞成封闭式的教育,必须面向社会,积极地促进系统和环境的交换,把人才、资金、知识、技术和信息不断地引入系统中来,以抵消系统中产生的负熵。还必须积极参与校际合作、地区间以及国际的交流与合作,将新理念、新知识、新技术以及新制度不断引入我国专业学位研究生培养模式的系统中来,使得系统的负熵增加大于熵的增加,从而使系统始终保持活力,不断地从无序走向有序,从旧的结构走向新的结构。

6.1.1.2 我国专业学位研究生培养模式是一个远离平衡态的系统

系统可以有平衡态和非平衡态之分,其中非平衡态系统又可以分为近平衡态系统和远离平衡态系统。普利高津的最小熵定理说明了:孤立的系统将以平衡态为最终的状态,此时系统内的熵达到最大值,熵增为零;系统在近平衡态条件下和平衡态没有原则上的区别;如果一个系统受到边界条件的影响无法达到最大熵状态,那么它将以最小熵状态,也就是远离平衡态作为最终态。一个系统只有在远离平衡态的情况下,不断地与外部环境进行物质、能量和信息的交换,才能使系统的结构发生变化,从无序走向有序。生命机体和社会组织都是远离平衡态的系统,只有不断地从外部环境得到负熵,以抵消系统内不断产生的熵,完成系统的"新陈代谢",才能保证系统的存在与发展。对于我国专业学位研究生的培养模式系统来说,其中的人、财、物和信息等都必须遵循远离平衡态的原则来进行管理和支配。从专业学位教育形式的产生来看,首先是原有的以学术型为主的教育形式难以满足社会经济的发展对于高层次应用型人才的需求(远离平衡态),我国的研究生教育系统通过考察自身现状,同时借鉴国外关于应用型人才培养的理念、方法和制度,引进人才、创新管理机制,通过不断完善我国研究生教育的类型,开始了专业学位教育,为我国经济的发展输送了一大批人才,在很大程度上实现了"无序到有序"的转变。从专业学位教育的培养过程和质量保障体系来看,专业学位教育对学生的课程学习、学位论文、社会实践以及品德素质方面都有比较高的要求,研究生在学习的过程中必须努力学习、勤于思考、勇于实践,才能最终达到标准并获得学位,在这个过程中"熵"不断减少,有序性上升。再看专业学位研究生培养模式的其他子系统,学科设置在时间、空间与类别上各不相同,师资队伍的年龄结构、学历结构、学缘结构等各不相同,教学方式多种多样,这些子系统无不体现了"不平衡"。因此可以说我国专业学位研究生的培养模式是一个远离平衡态的系统。

6.1.1.3 我国专业学位研究生培养模式系统内部各要素之间存在非线性的相互作用

线性以及非线性都是数学概念,在系统科学中有着广泛的应用。从数学模型上看,线性模型是一次函数,而非线性模型是非一次函数。从图像上看,线性函数是一条直线,而非线性关系则是曲线、抛物线或者是不能定量的关系。从系统论的角度看,线性关系是平庸简单的,仅靠线性关系不能有效地讨论复杂系统的结构变化,而非线性关系则体现了系统各要素之间复杂的相互作用关系,因此适于用来讨论社会系统等复杂系统的结构变化。根据协同论的观点,系统内部构成要素的非线性关系导致系统从无序向有序发展。非线性保证了系统要素之间的相互联系和相互作用,使得信息得以交流,各要素之间由此得以相互促进或者相互制约。如上文所述,我国专业学位研究生的培养模式系统包含有多个要素,但是这些要素之间并不是简单的叠加关系,它们之间存在着复杂的非线性作用。任何一个要素的变化发展都不仅仅是其他另外一个要素的简单作用,而是各个要素之间的综合作用。正是由于这样的非线性关系使得系统整体得以发挥"整体功能大于部分之和"的作用。例如,专业学位研究生培养模式的课程系统在运行中,首先要服务于培养目标,设置有利于培养高层次应用型人才的课程体系,其次要接受高校和专业学位教育指导委员会的领导、管理和质量监督,课程的内容需要通过教学系统得以体现,这一体现的过程需要高水平的师资来完成。最后,这些所有的过程都离不开资金、设备等的资源投入,这些过程也都发生在一定的文化背景之中,并受到文化潜移默化的影响。真实的情形往往比这些还要复杂得多。因此,专业学位研究生的培养过程具有复杂的机制,无论成败都不能简单地归功或者归罪于某一个要素或者系统,这是由这个系统的非线性特点所决定的。也正是因为具有非线性的特点,一方面使得专业学位研究生培养模式的发展具有了更多的复杂性、多样性以及不确定性,另一方面要也成就了系统发展的可能性和动力。

6.1.1.4 我国专业学位研究生培养模式系统内部存在涨落

"涨落"原本是统计物理学中的概念,指的是表征系统某种性质的物理量在其平均值附近所做的微小的随机变动。[240]对于一个系统来说,它的各种特性参量在现实中总会有所波动,所以一般只考虑它们的平均值,这些参量在现实中的值对平均值的偏离就被称为"涨落"。普利高津提出:"自组织的机制就是'通过涨落的有序'"。[241]这就是著名的"涨落导致有序"的论断。涨落总是使系统偏离平衡态,它是有序的破坏者,但是涨落在远离平衡态的系统中被不断放大,形成"巨涨落"并最终使系统达到新的有序状态,因此又可以说涨落是有序的建设者。对于任何一个复杂系统来说,涨落都是不可避免的,专业学位研究生的培养模式系统也是如此。系统的涨落有可能是消极因素,例如在师资队伍建设上,如果大量采用没有实践经验的学术型教师,而很少采用和培养具有丰富实践经验的人才,这一"涨"一"落"必然影响专业学位教育的培养质量;再如收费问题,如果培养单位认识不正确,把专业学位作为创收的工具,滥收学费,随意降低入学标准,这一"涨"一"落"又将带来极大的危害。涨落也有可能是积极的因素,如果"涨"的是新的观念、好的经验,"落"的是过分保守的观念以及不合时宜的制度,那么这样的涨落就能促使专业学位研究生培养模式系统出现创新,并在更高的层次上产生有序的结构。既然涨落的出现不可避免并且意义深远,那么对于我国专业学位研究生的培养模式来说,就必须重视涨落,一方面努力避免消极的涨落对系统的不良影响,另一方面要抓住涨落的契机、利用涨落的条件来发展自己。

通过以上分析可以知道,我国专业学位研究生的培养模式系统兼具开放性、不平衡性、非线性以及涨落等构成自组织系统的条件判据,可以将它定义为一个自组织的系统。下文将结合自组织理论对我国专业学位研究生培养模式的系统运行机制进行分析。

6.1.2 自组织机制和他组织机制

人类社会本质上是系统自组织演化与人为设计的辩证统一体。[242]任何社会组织,总是具有自组织的特性,但同时由于社会组织总是由具有主观能动性的人所组成,且与外界环境有着千丝万缕的联系,因此不可避免地带有他组织的特性。我国专业学位研究生的培养模式系统也是如此。下面讨论我国专业学位研究生培养模式系统运行机制中的自组织机制和他组织机制。

6.1.2.1 自组织机制

协同学的创始人哈肯给"自组织"下了这样一个定义:"如果系统在获得空间的、时间的或功能的结构过程中,没有外界的特定干预,我们便说系统是'自组织'的。这里'特定'一词是指,那种结构和功能并非外界强加给系统的,而且外界实际是以非特定的方式作用于系统的。"[243]简而言之,自组织是指一个系统自发地形成、维持和演化的过程。从过程的角度来看,系统的自组织机制可以有四种类型,分别是自创生、自扩张、自维持以及自退化。[241]

自创生。自创生指的是系统由非组织向组织、或者由低层次组织向高层次组织的发展机制。这一机制发挥作用的过程也就是系统层次跃迁的过程,相当于唯物辩证法中的量变到质变。在这一过程中,系统结构由无序变为有序,自发产生新的结构与功能,实现了系统的进化。我国专业学位研究生的培养模式系统本身就是我国研究生培养模式系统的自创生结果。在其众多的子系统中,也无时无刻不存在着自创生。例如各种教学、课程新模式的产生过程就是系统自创生的过程;再如教育部规定2009年开始,除少数不适于应届毕业生就读的专业外,其他专业学位面向应届毕业生招生专业学位研究生,实行全日制培养,将我国的专业学位研究生培养模式分为了全日制培养和非全日制培养两种类型,这就是系统自创生的体现。

自扩张。自扩张指的是组织在其层次和结构都没有变化的基础上,组织复杂性自组织增加的机制。这一机制发挥作用的过程相当于唯物辩证法所说的"量的积累"。例如,教育部2009年发布通知,要求各专业学位招生单位以2009年为基数按5%～10%减少学术型学位招生人数,调减出的部分用于招收专业学位研究生。对于专业学位教育来说,扩招的行为扩大了专业学位教育培养的规模,但并没有改变专业学位研究生培养模式的基本结构,因此就属于"量的积累",是系统的"自扩张"。再比如,从我国1991年年初设专业学位教育至今,专业学位教育的招生单位不断增多,所涉学科专业类型不断增加,这也是我国专业学位研究生培养模式系统的自扩张行为。

自维持。自维持指的是系统在层次结构以及复杂性方面都不再变化时自动维持在一定水平的机制。自维持的系统是相对静止的。作为一个系统整体,我国的专业学位研究生培养模式还处在一个发展和上升的阶段,其模式类型不断丰富,规模不断扩大,所受到的关注也越来越多,因此其系统的自维持机制还没有明显的表现。当然,也许未来的某一天我国的专业学位研究生培养模式系统发展到一个比较发达的阶段时,培养的高层次应用型人才已经完全足以满足社会和经济发展的需要,系统的输入和输出相对均等,那么它也可能进入一个自维持的状态。但这并不说明在系统的上升阶段自维持机制就不发生作用了,对于专业学位研究生的培养模式系统来说,其内部必定存在着自维持的子系统。例如,文化系统在一定的时间范围内是相对稳定的,其结构并不会有明显变化,复杂性和规模也不会有大的变动。可以说在这段时间范围内,文化子系统是一个自维持的系统。

自退化。自退化指的是系统的输入明显小于其维持自身结构和发展的需要时,系统自动走向衰退甚至解体的机制。同自维持机制相类似,自退化的机制对于我国专业学位研究生培养模式这样的一个处于上升和发展阶段的系统来说,并没有明显的表现。根据教育部对于我国研究生教育发展的总体规划以及我国经济社会的发展趋势来看,我国专业学位研究生培养模式系统在很长的一段时间内都将处于这样的快速发展阶段。但是从系统内部来看,则必定存在着自退化的现象。例如,长期以来由于我国高校缺少办专业学位教育的理念和经验,也缺少具有实践经验的教师,许多专业学位培养过程中都采用学术型学位教育的教师队伍,实施的是和学术型学位教育没有差别的培养模式。如今随着观念的不断更新、经验的不断积累以及制度的不断完善,这样的旧的模式必然走向自退化,取而代之的是新的观念、新的制度和新的模式。

6.1.2.2 他组织机制

他组织可以这样定义:如果系统在获得空间的、时间的或功能的结构过程中,存在外界的特定干预,其结构和功能是外界强加给系统的,而外界也以特定的方式作用于系统,那么这个系统就是他组织。[244]他组织机制包括供养机制和约束机制。

供养机制。供养机制指的是外界环境通过提供资源的方式对系统施加干预与控制。任何自组织系统都是一定环境内的系统,系统虽然可以对环境造成一定影响,但却不能另觅环境。系统的运行需要外部环境不断对其输入物质、能量和信息,环境也通过这样的方式对系统施加影响。我国的专业学位研究生培养模式系统作为一种社会系统,尤其是作为一种公共事业系统,其存在和发展对环境的供给要求就显得更高。它必须不断从外界得到资金、技术、人才、信息等资源,一旦失去这些资源,系统就会面临停滞甚至崩溃。这些资源被提供的数量和质量,都会在很大程度上影响专业学位研究生培养模式系统的运行效果,也就是影响培养的质量。

约束机制。外部力量在对系统进行供养行为的同时,也在对系统的结构与行为进行着约束。系统的产生、维持与发展都是在这些约束和控制下进行的。我国专业学位研究生培养模式的建立与发展,都要受到上级主管部门(教育部)的计划、组织、监管与约束。除此之外,还需要考虑行业对于人才培养规格的要求,考虑报考者对于提升个人知识、能力与素质的要求以及法律法规的要求等诸多方面。从本质上看,约束机制往往是建立在供养机制基础之上的,外部力量通过决定是否供养、供养多少来控制和约束系统的行为,系统通过服从约束来得到这些供养。

最后,自组织和他组织二者之间的关系类似于唯物辩证法中内因与外因的关系。自组织与他组织是两种互为补充的机制,二者缺一不可。我国专业学位研究生的培养模式系统既是自组织的产物,也是他组织的产物。这一系统的发展首先是其内部学科建设、管理制度等子系统自组织的结果,但是专业学位类型的设置、管理制度的改进等都必须经过教育部的批准,还必须受到社会资源、人才市场需求以及法律法规等因素的制约。自组织与他组织是一对既矛盾又相互依存的机制。由于系统的层次性和目的性,自组织和他组织之间又具有相对性,二者在一定条件下还可能相互转换。例如,大学校长对于他所在大学的某一个专业学位教育项目来说,就是一个他组织的控制因素,可是如果把他放在我国专业学位研究生培养模式的系统整体中来看,他又是系统的一个组成部分,需要服从教育部的他组织安排。因此,只有把自组织机制和他组织机制有机结合起来,才能使我国专业学位研究生的培养模式系统不断地远离平衡态,成为耗散结构。

6.1.3 竞争机制和协同机制

耗散结构理论告诉我们,一个远离平衡态的开放系统,通过不断与外界交换物质、能量和信息,在外界条件变化达到一定阈值时,就有可能自发地从无序状态转变为有序的状态。对于这种从无序到有序的自组织过程是怎样形成的,协同学认为其动力来自于系统内部大量子系统的竞争与合作产生的协同作用以及由此带来的序参量支配。简言之,竞争与协同是系统自组织演化的根本动力。对于我国专业学位研究生的培养模式系统来说,竞争和协同机制普遍存在于它的各个子系统之间以及各个要素之间,是它发展演化的根本原因。

6.1.3.1 竞争机制

任何一个系统内都存在竞争。这是因为资源的分配是不平衡的,各个要素和子系统获取资源和发展自身的水平也各不相同。差异导致了竞争。在竞争中，有的子系统或者要素得到加强，有的走向衰弱。最终的结果是一个或者少数几个子系统或者要素发展壮大，而大多数的子系统或者要素则衰弱消亡，这时系统就形成了与强势的子系统或要素相适应的结构和运行模式，达到有序的状态。因此可以说竞争是系统演化最活跃的动力，竞争的过程包含了优胜劣汰。竞争的意义在于：一方面通过竞争机制使得有限的资源得到优化配置，逐渐集中到具有发展优势的子系统上去；另一方面竞争机制促使各个子系统和要素努力自我提高，发挥最大的潜能，客观上有利于系统整体的发展。

我国专业学位研究生培养模式系统包含有多个子系统，但是从宏观来看，外部环境可以供给的资源是有限的，这些资源包括人才、资金、设备等等。这就使得各个子系统和要素之间展开了对有限资源的竞争。这样的竞争是普遍存在的：不同院校的同一专业之间存在竞争，同一所院校中不同的学科专业、不同学位类型之间存在竞争，科研和教学团队之间存在竞争，教师之间存在人与人的竞争，专业学位研究生个体之间同样存在着竞争……竞争可能导致的结果是优势的个体得到较多的资源从而发展壮大，而弱势的个体则因为得不到充足的资源而走向退化。

竞争机制需要正确地对待。一方面要认识到竞争机制是协同机制的基础，是把系统推向非平衡态的重要力量，也是鼓励和刺激各个要素发挥潜力的有效手段，因此要在培养模式系统内营造适宜竞争的氛围和制度；另一方面需要冷静地看待竞争，竞争往往带来系统内部多余的损耗，造成资源的浪费，有些时候过分地强调竞争，反而会使一些本来需要得到发展但却相对处于弱势的要素因为得不到足够的资源而夭折。

例如,由于我国研究生教育系统长期重视学术型学位研究生的培养,而专业学位研究生的培养模式出现的时间短,发展也很不成熟,如果这个时候强调"竞争"却又缺乏协调,由于路径依赖的原因,必然导致学术型学位研究生的培养模式"富者越富",而专业学位研究生的培养模式"贫者越贫"。因此,与竞争相比,协同的地位往往显得更加重要。

6.1.3.2 协同机制

协同学是一门研究合作、协作和协同的学说。如上文所述,子系统之间的竞争往往造成内耗,但如果能使它们相互合作、协同行动,则能在系统内部形成有序的结构,从而使系统产生巨大的力量,达到"1+1>2"的效果。如果说子系统之间的竞争使得系统趋于非平衡,而这是系统自组织的首要条件;那么子系统之间的协同,则在非平衡条件下使子系统中的某些运动趋势联合起来并加以放大,从而使之占据优势地位,支配系统整体的演化。[245]协同学中将这种能起到支配其他子系统协同行动作用的参量称为序参量。

构建科学的专业学位研究生培养模式系统同样需要合作。对于我国专业学位研究生培养模式的系统整体来说,从国务院学位委员会、各专业学位教育指导委员会、各招生单位,到每一个参与其中的个人,都需要合作的力量才能把专业学位教育办好。从各个子系统的角度来看,所有的子系统都需要其他子系统的配合才能正常地运行。一次简单的课程教学活动,就可能涉及师资、教学、课程、学科、资源和文化等等许多方面的问题。因此,需要在专业学位研究生培养模式系统内部建立合作互助的氛围,实现资源的共享和有效利用。

要形成科学的专业学位研究生培养模式的合作机制还需

要注意序参量和役使原理的应用。序参量是表征系统有序程度的参量，也是支配系统中其他参量的参量，它和其他参量之间役使和支配的关系被称为役使原理，也称为支配原理。由于序参量能够协调所有要素和子系统通过产生协同效应来达到系统的有序化，因此序参量决定了系统演进的方向和过程，对于系统的进化具有重要的意义。专业学位教育的目标是培养高层次应用型的人才，专业学位研究生培养模式系统中的所有活动都是围绕这一目标展开的，如果说有一个子系统及描述其行为的参量在系统的自组织过程中被激励或者放大，成为表征整个系统有效程度以及对其他子系统起到支配作用的序参量，那么这个序参量就非质量保障莫属了。一方面，质量保障系统通过制定评价标准、实施评价行为对各个子系统以及系统整体的表现"打分"，起到了表征系统运行效果的作用；另一方面，质量保障系统制定的评价标准以及实施的评价行为，客观上促使其他子系统朝着评价标准所要求的方向发展，起到了监督和支配的作用。正是因为质量保障这样的序参量存在，才使得专业学位研究生培养模式系统中的所有子系统和要素能发挥协同效应，拧成一股绳，劲往一处使，达到系统运行效率的最大化。

总之，在我国专业学位研究生培养模式系统的运行过程中，竞争机制和协同机制都在发挥作用。竞争中总是存在协同，协同也离不开竞争。如果只有竞争而没有协同，大家各自为政，只从自己的角度出发，不考虑整体的发展和利益，必然导致恶性竞争，最终使系统走向衰退。如果只有协同而没有竞争，又将使我国的专业学位教育陷入一潭死水，没有发展的活力与前进的动力。同时，要重视我国专业学位研究生培养模式的序参量——质量保障的重要作用，在实践中利用序参量的支配效应实现系统的整体协同,促进系统从无序到有序演进,不断提高我国专业学位研究生培养的水平。

6.2 我国专业学位研究生培养模式的功能分析

一般认为,人才培养、科学研究、社会服务以及引领未来是现代高等教育的四大功能。我国的专业学位研究生培养模式作为我国研究生培养模式体系的重要组成部分,其系统功能同样可以分为人才培养、科学研究、社会服务和引领未来四个部分。所不同的是,专业学位教育从层次上看属于高层次的精英教育,这一点区别于目前已实现大众化的一般本专科教育;从类别上看,专业学位教育属于应用型、职业性的教育,这一点区别于学术型学位教育。因此,专业学位研究生的培养模式系统所具有的功能也体现出高层次和职业性的特点。

6.2.1 人才培养功能

人才培养是所有教育形式的最基本功能,也是最重要的功能。专业学位研究生培养模式的人才培养功能主要体现在两个方面,一是对个体人格的塑造,二是根据社会的需要对个体施以一定的教育行为,使之获得知识、能力和素质,具备更强的社会适应能力。

人格的塑造。心理学家马斯洛曾经指出,人格的力量包括智慧力量、道德力量和意志力量三个方面,这放在今天仍然适用。专业学位教育培养的人才,首先应该具有生活的智慧,具备良好的情绪控制能力、社会适应能力以及和谐的人际关系；其次应该具有坚定的政治立场、高度的思想觉悟和高尚的道德情操，健全的人生观、价值观以及审美观；最后还必须有坚定的意志信念，对于自己的学习、工作和生活有热情，勇于克服困难，具有积极向上，奋斗不息的时代精神。接受专业学位教育的研究生大多处在二三十岁的黄金年龄，有的即将迈入社会，有的在事业上处于起步或者上升的阶段，健康人格的培养对于他们来说具有特殊的意义。人格的塑造又是一个潜移默化的过程，专业学位研究生教育对于个体人格的塑造体现在培养过程的方方面面，包括教师的言传身教、人性化的管理制度、丰富多彩的文体活动以及健康和谐的校园氛围等都是人格塑造的重要手段。

适应社会的能力。专业学位研究生适应社会的能力包括具有适应某一行业工作需要的专业水平和良好的知识结构，具有协调工作与生活中所遇到的方方面面问题的能力以及具备承担社会责任、家庭责任的良好素质。人是具有社会性的，因此任何对人的培养行为包括上文所述的人格培养都必不可少地要考虑社会的需求，使所培养的对象能够成为合格甚至优秀的社会成员。专业学位教育作为一种培养高层次应用型人才的教育形式更是如此。专业学位研究生在其培养过程包括课程学习、实践活动、论文写作等各个环节中获得相应的知识、能力和素质。专业学位教育所培养的研究生是否具有社会适应能力，一方面通过培养过程中一系列的质量保障措施予以确认，对于经过考核认为符合培养标准的研究生授予学位证书以及学历证书；另一方面，人们也经常通过专业学位获得者在社会工作领域的表现来对他们的社会适应能力进行评价。

6.2.2 科学研究功能

专业学位教育是培养高层次应用型人才的一种教育形式,职业性是其显著特征。但强调专业学位的职业性并不与其学术性或者研究性相抵触,专业学位研究生的培养过程同样包含有科学研究的要求,科学研究同样是专业学位研究生培养模式系统的重要功能。理由有二:第一,专业学位研究生教育从层次上看,是一种研究生教育,"在本质上是以'研究'为特征的一种教育"[44],培养的是具有研究能力的高层次人才;第二,专业学位是一种学位类型,而"学位所依据的或所依托的主要是学术标准"[246],学位从其本质上看,与学术标准是不可分割的。但是,专业学位研究生培养过程中的"科学研究"又与学术型学位教育有所区别,专业学位教育中的科学研究主要是应用型的研究,面向的是实践中出现的问题,所研究的成果不是为了成就某一个高深的理论体系,而是以研究和解决实际问题为目标。

我国专业学位研究生培养模式主要通过以下几个环节实现其科学研究功能。

• 通过严格的入学标准确保学生具备接受科研训练的可能;

• 通过科学的课程设置、雄厚的师资力量和高水平的教学为学生打下进一步科研的基础;

• 理顺管理体制,保障科研活动的进行;

• 双导师制引领学术与实践相结合的应用型科研;

• 通过产学研合作等手段寻找科研成果转化的路径;

• 通过学位论文的写作为学生提供严格的科研训练;

- 提供科研场所、科研设备以及资金等物质条件,营造适宜科研的学术氛围;
- 通过一定的评价手段考核学生的科研能力;
- 通过学位授予确认学生达到一定的科研水平。

6.2.3 社会服务功能

随着社会和经济的不断发展,以及科学技术不断进步,21世纪的国际竞争日趋激烈。在这样的过程中,研究生教育在大学服务于社会的职能中发挥着主力军的作用。作为我国研究生培养模式的重要组成部分,我国的专业学位研究生培养模式同样具有社会服务的功能。我国专业学位研究生培养模式的社会服务功能包括以下三个部分:

第一,为社会输送合格的高层次专业型人才。这是专业学位研究生培养模式系统的社会服务功能中最重要的一项。社会和经济的发展需要大量高层次应用型专门人才,但是传统的学术型学位所培养的人才偏重于学术型、研究型,并不能很好地适应社会的需要与行业的需求。因此,专业学位教育为社会输送高层次应用型人才的功能是不可替代的。1991年我国始设专业学位教育制度,经过 20 多年的努力和建设,专业学位教育从无到有,学位类型从少到多,学位层次不断丰富,培养的人数也越来越多。目前,已基本形成了以硕士学位为主,博士、硕士、学士三个学位层次并存的专业学位教育体系。从学位类型上看,目前已经设置了 39 种专业硕士学位,5种专业博士学位和 1 种专业学士学位。截至 2008 年上半年,我国专业学位教育已累计招生 86.5 万人,其中学历教育招生 24.6 万,占专业学位总体招生数的 28.4%;在职攻读招生

61.9万,占专业学位总体招生数的71.6%;目前我国参与专业学位教育的院校总数为431个,占我国博硕士学位授权单位总数的60%。[6]表6-1和图6-1体现了1996—2006年我国授予专业硕士和专业博士的人数变化。

表6-1 1996—2006年全国授予专业硕士和专业博士人数

年份	1996	1997	1998	1999	2000	2001	2002	2003	2004	2005	2006
硕士	255	1031	1227	2202	4554	9413	12931	17569	31695	47231	60202
博士	34	38	50	49	63	54	86	216	174	306	394

资料来源:根据中国人民大学出版社2009年版《中国学位与研究生教育信息分析报告》一书所提供的数据整理,该书数据来源于国务院学位办。

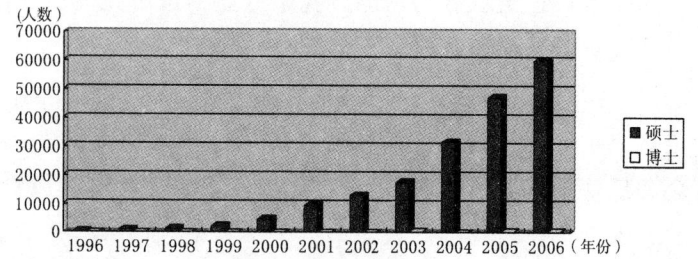

图6-1 1996—2006全国授予专业硕士和专业博士人数分布

可以看出,我国专业学位教育培养的规模不断增大,培养的人数不断增多,为社会主义现代化建设培养了大量高层次、应用型专门人才。但是同样应该看到的是,我国的专业学位教育从规模上看还是远远不够的。20世纪90年代,美国的专业学位获得者的比例已占整个硕士学位获得者人数的55%以上[228],学位类型也极其丰富。而我国2006年专业硕士学位授予硕士学位总数占当年授予硕士学位总数的比例仅为20.7%,到2005年年底,授予专业学位的总数只占历年来全国研究生学位授予总数的6%左右。[2]因此可以预测,我国专业学位教育的规模必将继续增大,专业学位研究生培养模式为社会输送人才的这一功能还将得到进一步的强化。

第二,为社会提供科研成果。专业学位研究生培养模式为社会提供科研成果主要体现在两个方面,一是发现和发明新的技术,应用于社会生产和生活实践中;二是发展应用型理论,指导生产和生活实践。并且由于专业学位教育是一种与行业紧密结合,具有产学研合作要求的教育形式,其科学研究成果的转化更因此具有了特殊的优势。以工程硕士为例,工程硕士在招生过程中一般要求报考人员具有本科学历,并且具有生产一线工作的经历和工程技术水平。这些人员带着实践经验和一线的问题而来,在入校学习后,其理论水平又进一步得到提高和扩展,学习和研究都带有较强的针对性,他们的研究成果更适合厂矿企业的生产需求。在产学研合作的过程中,由于兼具研究性和职业性的特点,他们更能起到高校和企业之间的桥梁作用,提高科研成果的转化效率。

目前,我国面临建设创新型国家的伟大历史任务。如何建设国家创新体系,使高等教育体系尤其是研究生教育体系在国家创新体系中发挥基础和引领的作用,成为科技创新的强大推动力量,是一个重要的课题。专业学位研究生的培养模式体系要在其中体现自身的功能与价值,就必须要积极地投入科研,尤其要在科研成果的转化方面发挥更大的作用。

第三,为社会决策提供参考。专业学位研究生培养模式的一项重要功能是利用其掌握的人才优势以及科研优势为社会决策提供参考,发挥社会服务的作用。目前我国专业学位研究生教育参与社会决策可以表现在两个方面:一是面向政府,接受政府的决策咨询或者成为政府的政策顾问,通过科研成果影响决策;二是面向企事业单位,接受企事业单位的决策咨询或者成为企事业单位的决策顾问,帮助企事业单位解决难题。

专业学位研究生培养模式之所以具有这样的功能,有三方面的原因:首先,政府和企事业单位,尤其是一些中小企业面临着技术力量薄弱、创新能力不强以及人才缺乏等等弱势,特别需要高水平的理论指导以及技术支持;其次,专业学位研究生普遍具有掌握实践经验以及具有较高理论和科研水平的双重优势,更加善于理论联系实际,特别适合面向社会,解决实践中遇到的难题;最后,专业学位教育培养的是应用型人才,在学习过程中大量地参与实践是由专业学位教育的培养目标决定的,接受政府和企事业单位的咨询有利于把握市场信息,锻炼实践能力,对于全日制培养的专业学位研究生来说更是如此。

6.2.4 引领未来的功能

我国专业学位研究生的培养模式体系除了具有人才培养、科学研究以及社会服务的功能之外,还有基于这三大主要功能的另一项重要功能——引领未来。之所以认为我国专业学位研究生的培养模式具有引领未来的功能,是因为其体现了我国经济社会发展的未来需求,也代表了我国研究生培养模式改革的方向。具体地说,我国专业学位研究生培养模式系统所具有的引领未来的功能主要表现在以下四个方面。

首先是制度上的引领。这里所说的制度,不但包括我国的研究生培养制度,也包括社会的政治与经济制度。一方面,随着专业学位研究生培养模式的出现以及不断完善,也使得我国的研究生培养类型不断丰富,管理制度趋于优化,专业学位的设置与完善本身也代表了我国学位与研究生教育改革的方向;另一方面,专业学位教育培养的是实践型人才,所开展的是应用型的科学研究,不可避免地要接触社会生活以及政治实践,通过其所培养的人才对社会的政治以及经济制度产生影响,通过其所进行的科学研究以及科研成果的转化影响政府决策并为经济发展服务,这些影响不但在于当下,其深远影响更是辐射到未来的政治以及经济制度。

其次是对社会物质生产的引领。通过专业学位研究生的培养模式,为社会培养大量具有很强实践能力以及创新精神的人才,从而直接推动社会经济的发展以及物质产品的丰富;同时,通过其科学研究功能的发挥,专业学位研究生教育通过为企业进行课题研究,转让科研成果或者直接创办科技产业等多种多样的产学研形式直接促进了社会经济的发展以及物质生产的繁荣。

再次是对精神文化的引领。专业学位研究生培养模式所倡导的勇于实践、积极探索以及大胆创新的精神与当今社会的时代精神不谋而合。之所以认为专业学位研究生培养模式具有引领社会精神文化的功能,主要基于三点原因:一是人类发展史上优秀的精神文化,如求实、创新等精神通过专业学位的教育培养行为得到传承;二是专业学位教育在传承优秀精神文化的同时还对这些文化进行了选择与整合;三是专业学位教育在对文化进行传承、选择以及整合的过程之中还为新的时代注入了新的文化精神。

最后是对社会行为的引领。通过专业学位研究生教育的设置以及发展,逐渐改变了人们固有的教育观念和价值观,从而影响了人们的社会行为。例如,在专业学位教育出现之前,人们往往认为学术型学位教育就等同于研究生教育,而实践型、应用型的培养模式则属于"职业教育"的范畴,是"低层次"的教育。而专业学位研究生教育的出现打破了这一固有的观念。随着我国专业学位研究生教育培养规模的不断扩大,培养类型的不断增多,培养质量的不断提高,其社会影响也逐渐增大,人们逐渐意识到高层次、应用型人才才是社会需求的主流,近几年报考攻读专业学位的人数不断增多就是一个例证。

6.3 本章小结

本章对我国专业学位研究生培养模式系统结构的运行机制以及系统功能分别进行了分析。

首先是运行机制。证明了我国专业学位研究生培养模式系统是一个具有开放性、远离平衡态、内部组分具有非线性关系以及系统内部存在涨落四个方面特点的耗散结构,适宜运用自组织理论对其进行分析。随后详细论述了我国专业学位研究生培养模式系统结构运行中的自组织机制与他组织机制,竞争机制与协同机制。

其次是系统功能。本章从人才培养、科学研究、社会服务以及引领未来四个方面论述了我国专业学位研究生培养模式的系统功能。

第七章

我国专业学位研究生培养模式系统结构研究的应用

7.1 基于系统多要素性的发展策略

通过对我国专业学位研究生培养模式系统增强回路的分析可以知道,这一系统由多个要素和子系统组成,各个要素和子系统通过相互之间的因果反馈关系推动系统不断向前发展,促发因素的改变可能就使得这种增长转为衰退,因此,必须重视各要素的协调发展,处理好每一个哪怕很细微的问题。同时,自组织理论也告诉我们,这些要素和子系统之间的竞争与协同是系统自组织演化的根本动力。因此,我国专业学位研究生培养模式的发展,既要重视竞争,更要强调协同,既要依靠系统的自组织,也需要外部的力量对其进行计划、管理和引导。对系统中的各个要素和子系统,要多管齐下,促使其在竞争中成长,在协同中发展。

第一,促进专业学位研究生培养模式的各个要素协调发展。

针对师资队伍普遍缺乏实践经验的情况,一方面鼓励聘用行业部门的专家作为兼职或者专职教师,实行"双导师"制,另一方面对现有教师进行培训,使之到行业中进行挂职锻炼。针对课程内容陈旧、课程设置不能满足培养职业型人才需要的问题,要重视专业学位教育专用教材的编写工作,采用模块式课程体系,体现课程设置的实用性、灵活性和前沿性。针对教学方式单一、教学手段落后的问题,要加大案例教学、现场教学、启发式教学的比例,加强案例库的建设,同时可采用多媒体教学、远程教学的方式。针对部分院校在专业学位教育的办学过程中仅仅依靠某一个原有学科办学,而忽视了专业学位教育的交叉学科特点的问题,需要各院校统筹考虑,理顺体制,加大各学院、系的合作力度,促进各方人才整合。针对质量评价标准单一、行业话语权缺失的问题,要加快社会评价体系的建设,使行业协会在专业学位教育的过程与评价中都发挥更大的作用,同时建立科学合理的评估体系与机制。针对投入不足的问题,一方面倡导多元投资合作办学和教育成本分担制度,以政府投入为主,多渠道筹措经费,对于全日制、非全日制以及不同专业的专业学位研究生实行差别收费;另一方面加强对于经费的管理以及经费使用的审计工作,并落实到"拨款咨询委员会"以及"总会计师职务"这样的制度上来。另外,还需要营造创新求实的校园文化环境、竞争合作的学习氛围,加强师德教育以及学风建设。

第二,形成科学合理的竞争激励机制。

要形成科学合理的竞争激励机制,改变过去"终身制"、平均主义、论资排辈和"只能上不能下"的用人制度。一个科学合理的竞争激励机制应包括以下几点:首先,要以资源的再分配为手段,将经费的下拨与培养单位的绩效指标以及资源利用效率挂钩；其次，要以科学的评价机制为基础，评价具有导向功能，奖惩手段都要建立在科学的评价结果之上，否则会将各项工作引入歧途；再次，要以合作协同的理念为保障，任何竞争都离不开协同合作，只强调竞争而忽视协同会导致各自为政而最终损害整体利益，陷入恶性竞争的局面。最后，要以整体发展为目标，竞争是手段而不是目的，任何的竞争行为都要在相应机制的约束下进行，不能有损于整体的发展目标。

第三，形成有效的合作交流机制。

要形成有效的合作交流机制，将专业学位研究生的培养工作与企业技术创新相结合，与地方的经济发展相结合，与社会发展相结合。推进国际合作，积极促进和国外高水平大学和教育评价机构的合作，包括教学内容上的合作、科学研究上的合作、师资队伍的合作、人才培养的合作以及质量评价上的合作。推进国内大学之间的合作，促成大学之间优势互补，互相学习。推进同一所大学内不同院系之间合作培养专业学位研究生，促进院系之间在人才培养方面的优势互补。推动科研团队之间的交流与合作。推动校企合作，促进科研成果转化，与行业合作培养应用型研究生。

7.2 基于成长上限系统S形动态运行模式的发展策略

本书在研究我国专业学位研究生培养模式系统结构时发现，我国专业学位研究生的培养模式发展同时受到一个增强回路和一个调节回路的作用，表现为成长上限的系统结构。具有这样结构的系统呈S形曲线增长，由于调节回路的限制，发展到一定程度就呈现减缓或者停滞不前的状况。解决这一问题的关键在于找到限制系统发展的"杠杆解",去掉限制因素以推动系统的进一步成长。并且由于时间延滞的存在,信息反馈的速度和准确性在这样的系统结构中就显得尤为重要,快速的信息反馈将促进系统的稳定发展,缓慢的信息反馈将带来系统的振荡,造成资源的浪费。

第一,加快我国学位与研究生教育信息库、数据库、资料库以及教学案例库的建设。

按照国际的情况来看,许多发达国家都设有教育统计方面的专门机构,如美国国家教育统计中心(NCES),英国高等教育统计局(HESA)等定期通过网站向外界发布本国的教育统计信息。这些信息在政府决策以及学者研究方面发挥了巨大的作用。近年来我国教育部网站上也有相关教育统计信息发布,但与英美国家相比,数据的总量以及分类的细致程度都还不够,与专业学位教育相关的统计数据更是很难找到。因此需要加强这些信息库、数据库的建设,尤其要加强省级以及培养单位的统计信息收集与发布。另外,针对大多数专业学位培养过程中出现的教学案例陈旧、数量上不足的状况,需要加强案例库的建设和更新工作。

第二,完善专业学位教育质量评估体系。

评估本身就是一种信息反馈的机制。需要建立对专业学位研究生培养工作的自我评估、同行评估与社会中介机构评估相结合,政府对评估工作"再评估"的专业学位教育质量保障体系。通过一系列的评估工作找到专业学位研究生培养工作中的问题、难点与重点(杠杆解),通过对这些问题的解决不断推动我国专业学位研究生培养工作向前进。同时建立专业学位教育质量评估信息的跟踪制度与定期公开制度,使得评估工作由"突击式"转为"常态化",由"内部化"转向"公开化"。

第三,面向市场,把握行业的人才需求信息。

专业学位研究生教育培养的是高层次应用型人才,这些人才不是为了进行高深的学术研究而准备的,而是要面向社会、面向市场,成为行业需要的专业人才。然而,当今世界已进入一个飞速发展的阶段,市场信息瞬息万变,而人的培养总是需要一定的过程,不可能一蹴而就。如何调整好学科专业以及课程的设置,使培养工作能够走在市场的前面,使得毕业的专业学位研究生能够恰好适应当时市场的需要,就成了摆在我国专业学位教育工作者面前的一个巨大的挑战。而市场信息的收集与预测,就成为一个关键的问题。我国幅员辽阔,每个地区的发展程度各不相同,所发展的产业也各有特色,使得人才需求的市场信息对于每一个地区、每一所高校来说都不相同。因此,信息的收集工作更应该重心下移,因地制宜,因时制宜。

第四,面向世界,把握国际学位与研究生教育发展动态。

具有现代意义的中国研究生教育,是近现代西方高等教育与中国传统教育相互影响、相互融合的产物。[247]长期以来,我国研究生教育以学术型学位教育为主,1990年才开始设置第一个专业学位。相比于西方国家,我国专业学位教育起步迟,经验少,在培养模式上有许多不够完善的地方,管理体制上还需要进一步理顺。而西方国家,尤其是美、英等发达国家的专业学位培养模式已经发展得比较成熟。且由于发达国家的社会经济发展程度更高,它们今日遇到的问题,可能就是我们国家在一段时间以后将要面对的问题。因此,学习美、英等国家专业学位教育办学过程中的经验和教训,是发展我国专业学位教育,让各项工作少走弯路的捷径。

7.3 基于系统具有政策灵敏性特点的发展策略

从本书的分析可知,我国专业学位研究生培养模式系统具有动态复杂性,各个要素和子系统之间是相互联系、相互制约的关系,管理政策的微小变动可能对培养质量有重大影响。因此,要提高我国专业学位研究生的培养质量,必须由目标、管理、培养、质量保障和支撑条件多个方面相互配合、整体推进才能实现,要重视微小的政策变化可能给系统带来的巨大影响。从自组织理论的角度来看,自组织和他组织是我国专业学位研究生培养模式系统运行的两种基本机制。自组织在系统内起着内因的作用,他组织则起着外因的作用。自组织的自发性必然带来盲目性,这就需要他组织机制来抑制这种盲目性,他组织的职责不仅在于支配、管理、约束系统内部的自组织趋势,而且要服务于基层组分的自组织活动,通过提供服务来实现他组织作用。[194]因此,他组织的作用总是要通过自组织机制来得以体现,如果违背了系统自组织的运行规律而企图按照外来意愿随意支配、控制一个自组织系统,就必然将他组织推向自组织的对立面,不但不利于资源优化配置,还将严重干扰系统的自组织运行,导致不良的后果。因此,对于我国专业学位教育的管理必须要改变包办一切,过多干预的做法,转变管理职能,抓大放小,必须尊重我国专业学位研究生培养模式系统的运行规律,形成以引导、服务为主的管理体制,同时提高政策的准确性和稳定性。

第一,要转变政府职能,充分发挥专业学位教育指导委员会的作用,倡导高校自主办学。

改变过去政府对高校统得过死的局面，建设服务型政府，简政放权，政府仅作宏观管理，扩大高校的办学自主权。在招生、人事、学科设置以及经费使用等方面将权力下放给高校，在质量监督方面由社会中介机构以及行业协会介入，形成政府、社会、高校三元的质量评价和监督体系。在扩大办学自主权的同时，政府还需要对高校的办学自主权进行规范和约束。一方面要加强高等教育方面的法制建设，在现有的《中华人民共和国高等教育法》、《中华人民共和国学位条例》以及《中华人民共和国学位条例暂行实施办法》等法律法规的基础上，进一步完善我国高等教育的法律法规体系，依法治教。同时通过条例、文件的形式对我国专业学位教育的具体操作问题作出进一步的细化规定。另一方面由专业学位教育指导委员会定期组织对高校以及专业学位授权点进行评估，并鼓励社会力量多方参与评估，同时制定能够反映专业学位特点的评估标准。

　　第二，在大学内部进行管理体制的改革，推进高校行政管理与学术管理的适当分离。

　　目前，我国高校实行的是党委领导下的校长负责制，由学校党委把握高校的政治方向并且实施对各项政策的监督职能，但在行政管理与学术管理之间，出现了行政权力过大而学术权力不足的局面。这样的结果是容易导致官本位或者学术霸权，影响资源的优化配置，最终不利于学科的发展与人才的培养。对于专业学位教育来说，由于与社会发展的结合更加紧密，因此也在课程、教学和师资等方面具有更大的灵活性与前沿性，随时要根据市场的变化与时代的发展做出调整。这样的教育形式更加不适应完全自上而下的行政管理形式。因此，有必要结合我国的现实情况对行政权力与学术权力作出适当分离,让一线的教师和专家对专业学位教育的模式问题有更大的话语权和决定权。这对于我国研究生教育的发展意义重大。

7.4 本章小结

本章基于前文的分析,提出了我国专业学位研究生培养模式发展的三个方面策略,分别是基于系统多要素性的发展策略,基于成长上限系统 S 形动态运行模式的发展策略以及基于系统具有政策灵敏性特点的发展策略。

基于系统多要素性的发展策略包括改革管理体制,对于我国专业学位研究生培养模式系统下的每一个子系统和要素出现的问题都要给予足够的重视,建立合理的竞争激励机制以及合作交流机制,促使系统在增强回路中持续增长。

基于成长上限系统 S 形动态运行模式的发展策略指的是加强信息反馈机制的建设。通过建设高效的信息反馈机制,减少时间延滞,促进系统稳定发展。包括四个方面:一是加快建立信息库、资料库和案例库;二是通过高效的质量评估加快对于培养质量的反馈;三是把握市场人才需求信息;四是加强国际交流,把握国际动态。

基于系统具有政策灵敏性特点的发展策略指的是要增强政策的准确性和稳定性,同时发挥他组织机制的服务功能,从政府层面上看,要转变政府职能,充分发挥专业学位教育指导委员会的作用,实现大学自主办学;从高校层面上看,需要转变管理职能,实现行政管理与学术管理的适当分离。

结　　论

专业学位研究生培养模式在我国发展的时间还很短,一方面面临着对国外经验的取舍和扬弃问题,另一方面还面临着和我国原有的学术型学位研究生培养模式的磨合问题。因此,对于我国专业学位研究生培养模式所作的理论探讨和实践上的探索都是值得的。一个什么样的培养模式能够赋予我国的专业学位研究生教育以生命力和创新力,应该如何看待、如何推动我国专业学位研究生培养模式的发展,都是值得研究的问题。

本书运用了定性和定量结合的办法,基于理论的推演、实证的分析、数据的整理以及模型的建立、模拟与仿真,分析了我国专业学位研究生培养模式的系统结构。并以此为基础提出了几个方面的发展策略。得出的主要结论包括：

第一,我国专业学位研究生培养模式包含目标、管理、师资、课程、教学、学科、质量、资源和文化九个系统要素。运用内容分析的方法,本书对我国专业学位研究生培养模式的系统要素进行了划分,得到了两级要素体系。其中目标系统包含的要素有教育理念和培养规格;管理系统包含的要素有管理人员、管理对象、管理机构、管理制度和管理行为;师资系统包含的要素有教师素质、教师聘用、队伍构成和培训提升;课程系统包含的要素有课程体系和课程内容;教学系统包含的要素有教学方式、教学过程和教学水平;学科系统包含的要素有学科设置和学科发展;质量系统包含的要素有质量意识、质量标准、质量评价和质量改进;资源系统包含的要素有物质资源和非物质资源;文化系统包含的要素有观念文化、物质文化和制度文化。

基于这样的分析,可以将专业学位研究生培养模式的概念定义为:在专业学位研究生培养情境之中,目标、管理、师资、课程、教学、学科、质量、资源和文化九个要素按照一定的方式组合,并遵循一定的运行规律,培养高层次、应用型专业人才的模型与范式。

对于要素的划分是基于当前学界对"培养模式"要素的划分杂乱不一,多有错漏的现象而展开的,力图建立一个科学合理的我国专业学位研究生培养模式的系统框架结构,作为下一步研究的基础,所划分的两级要素体系也可作为将来制定相关指标体系的基础。

第二,具有成长上限约束的我国专业学位研究生培养模式受到增强回路和调节回路的双重作用,其发展呈现S形的增长模式。增强回路的作用在于使系统进入一个迅速增长的良性循环,或者在某一触发因素(速率常数性质改变)的作用下使系统进入一个迅速衰退的恶性循环。因此可以说增强回路是我国专业学位研究生培养模式系统发展的内在动力。然而系统在增长之后由于受到所投入资源的限制,其发展必然趋缓并稳定在一定的水平之上。要改变这种状况,使我国专业学位研究生培养模式能够获得持续、健康、稳定的发展,关键是在系统增长出现停滞现象之前找到并移除限制因素。具体地说,就是在当前我国专业学位研究生培养模式仍然处于快速发展阶段的时候就加强各种问题反馈机制的建立,及时发现问题、解决问题,同时加大各方面的投入,尤其是一些目前看来似乎不那么紧迫,但在将来可能发挥重大有益影响的基础设施、师资培养以及信息库、案例库等方面的先期投入。

第三,我国专业学位研究生培养模式系统具有动态复杂性,各个要素和子系统之间是相互联系、相互制约的关系,管理政策的微小变动可能对培养质量有重大影响。基于对我国专业学位研究生培养模式系统结构所包含要素、子系统及其因果反馈关系的分析,构建了我国专业学位研究生培养模式的系统结构模型。通过对提高目标水平、加强师资力量、提升教学水平以及提高质量保障水平四种管理政策的仿真检验,揭示了我国专业学位研究生培养模式系统具有动态复杂性,系统的形成是多因素长时间动态作用的结果,要提高我国专业学位研究生的培养质量,必须由目标、管理、培养、质量保障和支撑条件多个方面相互配合、整体推进才能实现。同时,所构建的系统结构模型可以起到我国专业学位研究生培养模式发展的"战略与政策实验室"的作用,为改进管理策略,提升我国专业学位研究生培养质量提供了一个仿真工具和定量支持。

总之,相比于以往研究中仅仅将培养模式的各个要素当成相对独立的组分的做法,本书的发现揭示了各个要素之间的因果反馈关系及其结构的运行模式和规律,为进一步认识专业学位研究生培养模式系统提供了更广阔的视野,也拓展了高等教育研究的思路和方法。本书的结论对于我国专业学位教育的实践也具有一定的指导意义,基于对我国专业学位研究生培养模式系统结构的分析及其运行的模拟,有利于实践工作者迅速抓住问题的重点和关键,能够了解系统的运行趋势而早作准备,从而不断推进我国专业学位研究生培养模式的改革。

由于条件和水平的限制,本书还存在着许多不足。例如,我国专业学位研究生培养模式的系统结构十分复杂,内容也很丰富,本书试图对它进行一个简化的分析,但是简化的同时却不能同时兼顾对于其复杂性的描述;本书所划分的两级要素体系还应该在系统结构以及运行机制的分析中发挥更大的作用;等等。

在本书研究的基础之上,将来还可能在以下方面做进一步的工作。

首先,本书所划分的两级要素体系将来可以进一步发展成为变量,建立量化指标,成为评估专业学位研究生培养模式系统运行效果的量表。

其次,还可以通过案例分析的方法对若干种类专业学位或者某一培养单位的专业学位培养模式进行剖析,在案例中进一步推进本书所建立的系统结构模型在实践中的应用。

附录一

基于单纯增强回路的我国专业学位研究生培养模式系统结构模型的主要方程和变量初值:

(01)单位管理力度带来质量监控力度量=1

(02)单位培养水平所需内部支撑条件=1.5

(03)单位内部支撑条件所需培养水平量=0.5

(04)单位质量监控力度带来培养水平增加量=1.5

(05)管理力度=目标水平*实现单位目标水平的所需管理力度

(06)目标侵蚀速率=2.5

(07)目标水平=INTEG(+目标水平增加-目标水平降低,12)

(08)目标水平降低=目标水平*目标侵蚀速率

(09)目标水平增加=内部支撑条件*单位内部支撑条件所需培养水平量

(10)培养水平=INTEG(+培养水平增加-培养水平降低,10)

(11)培养水平降低=培养水平*培养水平降低速率

(12)培养水平降低速率=0.1

(13)培养水平增加＝质量监控力度＊单位质量监控力度带来培养水平增加量

(14)内部支撑条件＝培养水平＊单位培养水平所需内部支撑条件

(15)实现单位目标水平的所需管理力度＝1

(16)FINAL TIME＝50

(17)INITIAL TIME＝0

(18)质量监控力度＝INTEG(＋质量监控力度增加－质量监控力度减少,1)

(19)质量监控力度减少＝质量监控力度＊质量监控水平降低速率

(20)质量监控力度增加＝管理力度＊单位管理力度带来质量监控力度量

(21)质量监控水平降低速率＝1

(22)SAVEPER＝TIME STEP

(23)TIME STEP＝1

附录二

基于成长上限回路的我国专业学位研究生培养模式系统结构模型的主要方程和变量初值：

(01)单位管理力度带来质量监控力度量＝1

(02)单位培养水平所需内部支撑条件＝1.5

(03)单位内部支撑条件所需培养水平量＝1.5

(04)单位质量监控力度带来培养水平提升量＝1.5

(05)管理力度＝目标水平降低＊实现单位目标水平的所需管理力度

(06)目标侵蚀速率＝1

(07)目标水平＝INTEG(＋目标水平增加－目标水平降低,2)

(08)目标水平降低＝目标水平＊目标侵蚀速率

(09)目标水平增加＝内部支撑条件＊单位内部支撑条件所需培养水平量

(10)培养水平＝INTEG(＋培养水平增加－培养水平降低,1)

(11)培养水平降低＝培养水平＊培养水平降低速率

(12)培养水平降低速率=0.1

(13)培养水平提升力=培养水平提升lookup/资源的有限程度

(14)培养水平提升量=质量监控力度*单位质量监控力度带来培养水平提升量*培养水平提升力

(15)培养水平提升lookup = WITH LOOKUP(Time,([(-0.004,0) - (1,1)],(0,0.995614),(0.17408,0.973684),(0.327596,0.907895),(0.462691,0.824561),(0.582434,0.701754),(0.702177,0.561404),(0.855694,0.460526),(0.99693,0.403509)))

(16)培养水平增加=DELAY3I(培养水平提升量,延滞时间,0)

(17)内部支撑条件=培养水平*单位培养水平所需内部支撑条件

(18)实现单位目标水平的所需管理力度=1

(19)FINAL TIME=100

(20)投入增加=10

(21)INITIAL TIME=0

(22)延滞时间=18

(23)专业学位教育投入=INTEG(投入增加,1)

(24)质量监控力度=INTEG(+质量监控力度增加-质量监控力度减少,1)

(25)质量监控力度减少=质量监控力度*质量监控水平降低速率

(26)质量监控力度增加=单位管理力度带来质量监控力度量*管理力度

(27)质量监控水平降低速率=1

(28)资源的有限程度＝培养水平/投入增加
(29)SAVEPER＝TIME STEP
(30)TIME STEP＝1

附录三

我国专业学位研究生培养模式系统结构模型的主要方程和变量初值：

(01)差异出现比率＝1.2

(02)错误认识＝理想与现实的差异＊错误认识产生率

(03)错误认识产生率＝1.1

(04)单位教育理念提升体现为培养规格的比率＝1.2

(05)队伍构成＝现有教师素质

(06)非物质资源＝INTEG(＋非物质资源增加－非物质资源减少,2)

(07)非物质资源变化率＝1.2

(08)非物质资源减少＝非物质资源

(09)非物质资源增加＝物质资源＊非物质资源变化率

(10)管理对象＝管理对象水平提高率＊管理行为

(11)管理对象水平提高率＝5

(12)管理机构＝管理机构水平提高率＊管理人员

(13)管理机构水平提高率＝5

(14)管理行为＝INTEG(＋管理行为水平提高－管理行为水平降低＊管理机构,2)

(15)管理行为水平降低＝管理行为水平降低速率＊管理行为/错误认识

(16)管理行为水平降低速率＝1.2

(17)管理行为水平提高＝管理行为水平提高速率＊管理制度＊培养规格＊物质资源

(18)管理行为水平提高速率＝1.5

(19)管理人员＝管理对象＊管理人员水平提高率

(20)管理人员水平提高率＝5

(21)观念文化＝INTEG（＋观念文化水平提升－观念文化水平降低,2)

(22)观念文化水平降低＝观念文化＊观念文化水平降低率

(23)观念文化水平降低率＝0.2

(24)观念文化水平提升＝制度文化＊非物质资源增加

(25)管理制度＝管理人员＊管理制度水平提高率

(26)管理制度水平提高率＝5

(27)教师聘用＝队伍构成＊学科设置

(28)教师素质差距＝教师素质降低＊理想教师素质

(29)教师素质降低＝教师素质降低率＊现有教师素质

(30)教师素质降低率＝1

(31)教师素质提高＝教师聘用＊培训提升＊教师素质提高率

(32)教师素质提高率＝1.2

(33)教学方式＝教学过程水平提高＊教学方式改进率

(34)教学方式改进率＝1.2

(35)教学过程＝INTEG（＋教学过程水平提高－教学过程水平降低＊教学方式,2)

(36)教学过程水平降低＝ 教学过程

(37)教学过程水平提高＝ 教学水平

(38)教学水平＝ 教师素质提高＊教学过程

(39)教育理念＝ INTEG（＋教育理念提升量－教育理念降低量＊培养行为,2）

(40)教育理念降低量＝教育理念损耗率＊教育理念/错误认识

(41)教育理念损耗率＝1

(42)教育理念提升量＝管理行为＊观念文化＊教育理念提升率＊课程体系＊学科发展

(43)教育理念提升率＝0.8

(44)课程内容＝ 教学过程水平提高＊课程体系

(45)课程体系＝ INTEG（课程体系水平变化量,2）

(46)课程体系水平变化量＝课程内容/错误认识

(47)培训提升＝ 教师素质差距

(48)培养规格＝ 单位教育理念提升体现为培养规格的比率＊教育理念提升量

(49)培养规格在培养行为中体现的比率＝1.2

(50)培养行为＝ 培养规格＊培养规格在培养行为中体现的比率

(51)理想教师素质＝ 1

(52)理想与现实的差异＝ 差异出现比率＊教育理念

(53)FINAL TIME ＝ 100

(54)物质文化＝ 观念文化

(55)物质资源＝ 非物质资源＊物质资源变化率＊管理行为水平降低

(56)物质资源变化率＝1.2

(57)INITIAL TIME＝0

(58)现有教师素质＝ INTEG（＋教师素质提高－教师素质降低,2）

(59)学科发展＝ INTEG（学科发展水平变化量,2）

(60)学科发展水平变化量＝学科设置＊质量改进增加/错误认识

(61)学科设置＝ 学科发展

(62)制度文化＝ 物质文化

(63)质量标准＝ 质量标准提升率＊质量意识

(64)质量标准提升率＝0.5

(65)质量改进＝ INTEG（＋质量改进增加－质量改进减少,2）

(66)质量改进比率 ＝ WITH LOOKUP (Time,([(0,0)－(10,10)],(0,0.0877193),(0.733945,3.94737),(2.14067,6.18421),(4.22018,7.98246),(7.21713,9.12281),(9.84709,9.95614)))

(67)质量改进减少＝质量改进

(68)质量改进增加＝质量评价＊质量改进比率

(69)质量评价＝质量标准＊质量评价提升率＊管理行为水平提高

(70)质量评价提升率＝0.5

(71)质量意识＝质量意识提升率＊质量改进

(72)质量意识提升率＝0.5

(73)SAVEPER＝ TIME STEP

(74)TIME STEP＝ 1

参考文献

[1]分学科研究生数[EB/OL].中华人民共和国教育部,http://www.moe.edu.cn/edoas/website18/31/info1261557090918131.htm,2010-3-15.

[2]中国学位与研究生教育信息分析课题组.中国学位与研究生教育信息分析报告[M].北京:中国人民大学出版社,2009:2.

[3]黄宝印.我国专业学位教育发展的回顾与思考(上)[J].学位与研究生教育,2007,6:4-8.

[4]关于加强和改进专业学位教育工作的若干意见(学位[2002]1号)[EB/OL].中华人民共和国教育部,http://www.moe.edu.cn/edoas/website18/55/info1206347956226155.htm,2009-12-15.

[5]张海英、韩晓燕、郑晓齐、雷庆.关于我国工程硕士培养现状的调查报告[J].高等工程教育研究,2006,3:15—20.

[6]杨玉良.加大力度,调整硕士研究生教育结构[EB/OL].中华人民共和国教育部,http://www.moe.edu.cn/edoas/website18/79/info1235997476410879.htm,2009-3-2.

[7]胡玲琳.我国高校研究生培养模式研究——从单一走

向双元模式[D].上海:华东师范大学,2004:17.

[8]龚怡祖.略论大学培养模式[J].高等教育研究,1998,1:86-87.

[9]肖国芳.产学研结合的研究生培养模式研究——以"交大·宝钢"模式为例[D].上海:上海交通大学,2007.

[10]范秋明.我国研究生培养模式发展研究[D].武汉:中国地质大学,2008.

[11]许慎.说文解字[M].中华书局,1963:120.

[12]中国社会科学院语言研究所词典编辑室.现代汉语词典(2002年增补本)[Z].北京:商务印书馆,2002:894.

[13]牛津高阶英汉双解词典(第6版)[Z].北京:商务印书馆,2005:948.

[14][美]沃纳丁·赛菲林等.传播学的起源、研究与应用[J].福建人民出版社,1985:14.转引自胡玲琳.我国高校研究生培养模式研究——从单一走向双元模式[D].上海:华东师范大学,2004.

[15]丁康.世界研究生培养模式的传统与变革[J].外国教育研究,1997,4:16.

[16]阴天榜、张建华、杨炳学.论培养模式[J].中国高教研究,1998,4:46.

[17]陈学飞.西方怎样培养博士——法、英、德、美的模式与经验[M].北京:教育科学出版社,2002:1-2.

[18]唐玉光、房剑森.高等教育改革论[M].桂林:广西师范大学出版社,2002:93.

[19]杨峻、刘亚军.面向21世纪我国高等教育培养模式转变刍议[J].兰州大学学报(社会科学版),1998,26(2):5-12.

[20]李盛兵.研究生培养模式研究之反思[J].教育研究,2005,11:57.

[21]查有梁.论教育模式建构[J].教育研究,1997,6:48-54.

[22]路萍.我国硕士研究生培养模式研究[D].武汉:武汉理工大学,2006.

[23][英]丹尼斯·麦奎尔等.大众传播模式论[M].上海:上海译文出版社,1987:3.

[24]传统培养模式应当变革[J].清华大学教育研究,1986,02:56-57.

[25]林功实、白永毅.研究生培养模式和渠道多样化的探讨[J].清华大学教育研究:1989,02:8-13.

[26]李硕豪、阎月勤.高校培养模式刍议[J].吉林教育科学,2000,2:43.

[27]马黎.中美研究型博士生培养模式比较研究[J].高等教育研究,1994,1:69-74.

[28]李艳梅、姜莉.中美德三国博士生(医学科研型)培养模式比较研究[J].学位与研究生教育,1999,4:70-74.

[29]徐建海.地方高校应用型本科教培养模式的研究[A].江苏高教(改革与发展专辑)[J],1997.转引自:李盛,WTO与大学本科法律人才培养模式改革[D].北京:首都师范大学,2002.

[30]杨杏芳.论我国高等教育人才培养模式的多样化[J].高等教育研究,1998,6:69-72.

[31]许玉清.改革人才培养模式的实践与探索[J].教育与职业,2005,2:31-33.

[32]李志义.谈高水平大学如何构建本科培养模式[J].

中国高等教育,2007,15—16:35.

[33]Orr, Stuart; Bantow, Ray. E-commerce and Graduate Education: Is Educational Quality Taking a Nose Dive? [J]. The International Journal of Educational Management, 2005, Vol. 19, Iss. 6/7: 579—587.

[34]Weaver, Sherrill L, Shaffer, Harold A. Contracting to Provide Library Service for a Distance Graduate Education Program[J]. The Bottom Line. 1995, Vol. 8, Iss. 3: 20—29.

[35]Salminen-Karlsson, Minna, Wallgren, Lillemor. The Interaction of Academic and Industrial Supervisors in Graduate Education[J]. Higher Education, 2008, Vol. 56 Issue 1: 77—93.

[36]Groen, Jeffrey A. Jakubson, George H. Ehrenberg, Ronald G. Condie, Scott, Liu, Albert Y. Program Design and Student Outcomes in Graduate Education[J]. Economics of Education Review, 2008, Vol. 27 Issue 2: 111—124.

[37]Groen, Janet. Paradoxical Tensions in Creating a Teaching and Learning Space within a Graduate Education Course on Spirituality[J]. Teaching in Higher Education, 2008, Vol. 13 Issue 2: 193—204.

[38]Nahal, Anita. Moving to Improve Graduate Education on an International Level[J]. Diverse: Issues in Higher Education, 2007, Vol. 24 Issue 20: 52.

[39]M Mirabella, Roseanne; Bailin Wish, Naomi. The "Best Place" Debate: A Comparison of Graduate Education

Programs for Nonprofit Managers[J]. Public Administration Review, 2000, Vol. 60, Iss. 3: 219—230.

[40]Heneman, Robert L. Emphasizing Analytical Skills in HR Graduate Education: The Ohio State University ML-HR Program[J]. Human Resource Management, 1999, Vol. 38: 131—135.

[41]Constantin, Milton J, Pennington, Leigh Ann, Williamson, Craig R, Finn, Michael G, Weitzman, David J. Status of Industrial Hygiene Graduate Education at U. S. Institutions[J]. American Industrial Hygiene Association Journal, 1994, Vol. 55, Iss. 6: 537—546.

[42]Connolly, Pauline; McGing, Geraldine. Graduate Education and Hospitality Management inIreland[J]. International Journal of Contemporary Hospitality Management, 2006, Vol. 18, Iss. 1: 50—60.

[43]Bogdan Lipicnik, Katarina Katja Mihelic. Great Expectations? Enterprises Expectations about Graduate Education in the Field of Management: Evidence from Slovenia[J]. Journal for East European Management Studies, 2007, Vol. 12, Iss. 2: 89—109.

[44]刘国瑜.论专业学位研究生教育的基本特征及其体现[J].中国高教研究,2005,11:31—32.

[45]邹碧金、陈子辰.我国专业学位的产生与发展——兼论专业学位的基本属性[J].高等教育研究,2000,5:49—52.

[46]史雯婷.专业学位研究生教育的基本属性探讨[J].学位与研究生教育,2004,10:32—35.

[47]叶宏.学术学位与专业学位研究生培养模式比较研

究[J].中国成人教育,2007,11:75-76.

[48]胡玲琳、潘武玲.学术性学位与专业学位研究生培养模式的现状调查及对策[J].教育发展研究,2005,10:20-23.

[49]贺佐成.学术学位与专业学位的差异[J].中国研究生,2007,1:51-54.

[50]Gibson, Pamela A. Leavitt, William M. Lombard, John R. Morris, John C. Acknowledging the "Professional" in a Professional Degree Program: Waiving the Standardized Exam for In-service Applicants to a MPA Program[J]. College Student Journal, 2007,12, Vol. 41 Issue 4: 872-885.

[51]Denning, Peter J. Professional Software Engineering Education[J]. Annals of Software Engineering, 1998,6: 145-166.

[52]Hoddell, Stephen. The Professional Doctorate and the PhD: Converging or Diverging Lines[R]. A Presentation to the Annual Conference of SRHE. University of Leicester. 2000, 12.

[53] Threlkeld, A. Joseph; M. Jensen, Gail; Brasic Royeen, Charlotte. The Clinical Doctorate: A Framework for Analysis in Physical Therapist Education[J]. Physical Therapy, 1999,6, Vol. 79, Iss. 6: 567-582.

[54]DeGraffenreid, George M.. The General Education Challenge to Professional Degrees in Music[J]. Arts Education Policy Review. 2001,3, Vol. 102, No. 4: 3-10.

[55] Crawford, C. B.; Brungardt, Curtis L.; Scott, Robert F.; Gould, Lawrence V.. Graduate Programs in Or-

ganizational Leadership: A Review of Programs, Faculty, Costs, and Delivery Methods[J]. The Journal of Leadership Studies, 2002, Vol. 8, No. 4: 64－75.

[56]Anaf, Sophie; Sheppard, Lorraine A.. Mixing Research Methods in Health Professional Degrees: Thoughts for Undergraduate Students and Supervisors[J]. Qualitative Report, 2007, 6, v12 n2 : 184－192.

[57]Hoddell, Stephen. The Professional Doctorate and the PhD-Converging or Diverging Lines[R]. A Presentation to the Annual Conference of SRHE, University of Leicester, 2000, 12: 21.

[58]UK Council for Graduate Education. Professional Doctorates[DB/OL]. http://www.ukcge.ac.uk. 2002.

[59]Powell, Stuart; Long, Elizabeth. Professional Doctorate Awards in the UK[DB/OL]. UK Council for Graduate Education. http://ww.ukcge.ac.uk, 2005.

[60]Teitelbaum, Michael S. & Cox, Virginia T.. A Degree of Professionalism[J]. Nature. 2007, 1: 458.

[61]Crawford, Steve. The Professional Science Master's Degree: Meeting the Skills Needs of Innovative Industries[DB/OL]. NGA Center for Best Practices. http://www.nga.org/center, 2006-3-15.

[62]Russell, Jeffrey S.; Stouffer, Brewer & Walesh, Stuart G.. The First Professional Degree: A Historic Opportunity[J]. Journal of Professional Issues in Engineering Education and Practice, 2000, 4, Vol. 126, Iss. 2: 54－63.

[63]张晓明、何艳茹. 提高MEA教育师资质量,打造专

业学位品牌[J].中国高等教育,2005,12:29-31.

[64]张慧、王洪松.对我国开展教育硕士专业学位试点工作的认识与思考[J].山东教育科研,1999,9:42-45.

[65]王聿童、李云章、杨文生.基于工程硕士专业学位教育的产学合作培养应用型研究生有效模式[J].科学管理研究,2005,6:78-80.

[66]刘惠琴、雍翠菊、张文修.正确处理工程硕士专业学位研究生教育的几个关系[J].学位与研究生教育,2003,8:21-23.

[67]刁承湘、王亚平、陈渭、彭裕文.抓住机遇,转变观念,推进改革——试行临床医学专业学位的几点思考[J].学位与研究生教育,1999,1:60-62.

[68]郭静竹、姜保国、曲琳、董娟.培养临床医学专业学位研究生的配套措施[J].学位与研究生教育,2001,10:24.

[69]曾宪义.中国法律硕士专业学位教育的创办与发展[J].法学家,2007,3:110-117.

[70]郝晓明.法律硕士专业学位研究生培养的实践与探索[J].法学家,2007,6:157-160.

[71]李红.谈法律硕士专业学位研究生培养[J].学位与研究生教育,2004,1:28-30.

[72]王海民、郑佩荣.对我国会计硕士专业学位教育几个问题的思考[J].会计研究,2005,7:69-7.

[73]罗飞.关于在我国开展会计硕士专业学位研究生教育的探讨[J].学位与研究生教育,2003,5:32-35.

[74]方仪.艺术教育的实践性回归——谈中国艺术硕士专业学位(MFA)教育[J].艺术百家,2006,1:164-166.

[75]钟宏桃.试论艺术硕士专业学位研究生教育工作

[J].学位与研究生教育,2003,8:38—40.

[76]胡河宁.大学精神与公共管理之道——兼论公共管理专业学位研究生行政意识养成途径[J].学位与研究生教育,2006,2:60—64.

[77]季明明.国家公务员队伍专业化建设的一个途径——论我国设置公共管理硕士专业学位的必要性与可行性[J].中国行政管理,1999,3:24—27.

[78]王亚杰、任增林.我国建筑学专业学位的建立发展及其质量保证体系[J].学位与研究生教育,2000,1:25—27.

[79]杨昌鸣.建筑学专业学位硕士研究生培养对策[J].建筑学报,2000,6:36.

[80]张振刚.开展工程博士专业学位教育的对策研究[J].中国高等教育,2007,18:41—43.

[81]马健生、滕珺.论我国教育博士(Ed.D.)专业学位设置的迫切性和可行性[J].学位与研究生教育,2007,8:43—49.

[82]姚启和、康翠萍.学位制度改革的一项新课题——论设置教育管理博士专业学位培训大学校长的必要性和可行性[J].高等教育研究,2000,6:64—66.

[83]王晨光、李红.在职法律硕士专业学位教育管理探索[J].清华大学教育研究,2003,10:88—91.

[84]佟福锁、李勇、刘晓萍.农业推广专业学位研究生培养评估体系的原则和内容[J].江苏高教,2004,4:130.

[85]仇国芳、张文修.工程博士专业学位设置初探[J].学位与研究生教育,2004,5:36—39.

[86]Fitzpatrick, Jane. Self-assessment as a Strategy to Provoke Integrative Learning within a Professional Degree

Programme[J]. Learning in Health and Social Care, 2006, 5, 1: 23—34.

[87]Delaney, Anne Marie. Quality Assessment of Professional Degree Programs[J]. Research in Higher Education, 1997, Vol. 38. No. 2: 241—264.

[88]陈谷纲、陈秀美.专业学位研究生教育的质量观[J].学位与研究生教育,2006,7:28—32.

[89]彭齐东、周红燕、贺浩华.专业学位研究生教育的培养质量控制[J].江西农业大学学报(社会科学版),2006,9:145—147.

[90]杨启亮.差异平衡,专业学位教育的一种教学评价理念——兼论教育硕士的科研优势[J].教育科学,2001,5:39—42.

[91]陈元.美国专业学位教育质量保障体系研究[D].广州:华南理工大学,2008.

[92]钟尚科、杜朝辉、邵松林、蒋慧.英国工程博士专业学位研究生教育的研究[J].学位与研究生教育,2006,7:69—73.

[93]钟尚科、张卫刚、姚训、蒋慧.美国工程博士专业学位研究生教育的研究[J].学位与研究生教育,2006,8:70—73.

[94]高益民.日本专业学位研究生教育的初步发展[J].比较教育研究,2007,5:33—37.

[95]张炜、赵依民.如何看待美国第一级专业学位与美国学士后教育的结构[J].科学学与科学技术管理,2004,5:99—101.

[96]涂俊才、李名家、秦发兰、汪华.美国农科专业学位研究生培养模式与启示[J].安徽农业科学,2007,35(19):

5969—5971.

[97]谢佩娜.美国印第安纳大学健康、体育和娱乐学院的健康教育专业学位培养计划及特点[J].体育学刊,2002,5:95—98.

[98]娄成武、杜宝贵.中美 MPA 教育课程体系与教学内容比较分析[J].比较教育研究,2002,2:16—20.

[99]袁锐锷.中英教育硕士专业学位教育的比较研究[J].比较教育研究,2000,3:26—29.

[100]郑莲敏.中外专业学位教育发展的比较研究[J].现代教育科学,2006,5:31—34.

[101]周富强.美、澳、英专业博士教育模式浅论[J].学位与研究生教育,2006,6:68—73.

[102]庞青山、谢安邦.德美两国研究生教育发展道路比较研究[J].比较教育研究,2002,10:18—22.

[103]Kasworm, Carol; Hemmingsen. Lis. Preparing Professionals for Lifelong Learning: Comparative Examination of Master`s Education Programs[J]. Higher Education, 2007, 9, Vol. 54 Issue 3: 449—468.

[104]Hislop, Gregory W.. Anytime, Anyplace Learning in an Online Graduate Professional Degree Program[J]. Group Decision and Negotiation,1999,8:385—390.

[105]何万宁.试析专业学位教育与高等职业教育的对接[J].高教探索,2002,4:30—33.

[106]翟怀远、张燕.专业学位研究生教育与职业资格认证相结合的研究[J].学位与研究生教育,2007,S:104—107.

[107]唐文焱.论现代远程教育在专业学位研究生教育中的运用[J].黑龙江高教研究,2007,9:81—82.

[108]邓玲玲.论职业素质要求与专业学位研究生培养[J].学位与研究生教育,2006,10:47-50.

[109]康翠萍.学位论[M].北京:人民教育出版社,2005:180.

[110]项贤明.我国学位与研究生教育制度改革摭议[J].中国高教研究,2004,4:37-40.

[111]薛天祥.中国学位与研究生教育的历史现状和发展趋势[J].国家教育行政学院学报,2005,9:27-32.

[112]何振雄.整合不同类型研究生培养模式,满足社会发展对各类人才的需求[J].学位与研究生教育,2007,10:52-55.

[113]罗泥.论大学培养模式[J].中国农业教育,1998,1:21-26.

[114]郑群.关于人才培养模式的概念与构成[J].河南师范大学学报(哲学社会科学版),2004,1:187-188.

[115]顾明远.教育大辞典(卷1)[C].上海:上海教育出版社.1990:23-24.转引自赵丽.关于我国研究生培养模式多样化的探讨[D].曲阜:曲阜师范大学,2002.

[116]赵丽.关于我国研究生培养模式多样化的探讨[D].曲阜:曲阜师范大学,2002.

[117]刘惠玲.我国重点理工科大学研究生培养模式比较研究[D].大连:大连理工大学,2004.

[118]Griffin-Shirley, Nora; Almon, Pam; Delley, Pat. Visually Impaired Personnel Preparation Program: A Collaborative Distance Education Model[J]. Journal of Visual Impairment & Blindness; 2002,4,Vol. 96 Issue: 233-245.

[119]Brooks, Lloyd; Zeltmann, Steven. SAP: Enter-

prise System and Training Model[J]. The Journal of Computer Information Systems. 1998, Vol. 38, Iss. 4:60—65.

[120]Jones, Wayne P.. Another Graduate-Education Model[J]. The Cornell H. R. A. Quarterly, 1991, 8:70—73.

[121]Bolton, Elizabeth B.; Humphreys, Luther Wade. A Training Model for Women—An Androgynous Approach[J]. Personnel Journal, 1977, 5:230—236.

[122]Barnett, Linda Boliek; Durden, William G. Education Patterns of Academically Talented Youth[J]. Gifted Child Quarterly, 1993, Vol. 37, Issue 4:161—169.

[123]Lemke, June; Harrison, Suzanne. Changing Paradigms: A New Teacher Education Model for RuralHawaii[J]. Rural Special Education Quarterly, 2000, Vol. 19 Issue 3/4:44—50.

[124]项贤明.我国学位与研究生教育制度改革撼议[J].中国高教研究,2004,4:37—40.

[125]刘鸿.论大学的分层与研究生培养模式多样化的实现[J].现代大学教育,2003,4:68—71.

[126]薛天祥.研究生教育学[M].桂林:广西师范大学出版社,2001:283—292.

[127]裴劲松.略论研究生教育的模式与发展[J].北方交通大学学报(社会科学版),2003,12:67—71.

[128]程斯辉、詹健.研究生培养模式研究的新视野[J].清华大学教育研究,2006,5:83—88.

[129]张俞红、张潇冉.高等研究中心博士生培养模式创新与实践[J].科学学研究,2007,S2:326—330.

[130]徐雪霞.体育信息技术人才培养模式的研究[J].北京体育大学学报,2007,S1:413-414.

[131]白玲、田月昕.会计专业硕士人才培养模式的思考[J].会计之友(上旬刊),2007,12:72.

[132]卢新国.谈财务管理专业"3+1"人才培养模式[J].中国农业会计,2008,1:30-31.

[133]陈姝娟、李晖、蒋菊.高师学前教育专业培养模式新探[J].教育探索,2007,12:41-42.

[134]王智秋.小学教育专业人才培养模式的研究与探索[J].教育研究,2007,5:25-30.

[135]韩冰、李蘅、孟建宇.生物技术专业大学生科技创新能力培养模式的探索[J].中国成人教育,2007,22:144-145.

[136]张俐.中医骨伤专业人才的培养模式[J].教育评论,2007,6:71-73.

[137]佟子林.论高等医药院校复合型人才培养模式的建构[J].黑龙江高教研究,2007,3:171-173.

[138]王兴华.本科层次复合型人才培养模式及途径探讨[D].天津:天津大学,2003.

[139]史静波.美国研究型大学本科生培养模式研究——以麻省理工学院为例[D].大连:大连理工大学.2007.

[140]徐理勤、顾建民.应用型本科人才培养模式及其运行条件探讨[J].2007,2:57-60.

[141]庞勇.中外高等职业教育人才培养模式比较研究[D].哈尔滨:哈尔滨工程大学,2006.

[142]赵金昭.我国高等职业教育体系与培养模式研究[D].天津:天津大学,2006.

[143]何杰、朱琦.研究生培养模式的国际比较及其发展趋势[J].江苏高教,2003,3:81-84.

[144]刘鸿.我国研究生培养模式研究[D].武汉:华中科技大学,2003.

[145]刘鸿.论研究生培养模式多样化[J].江苏高教,2002,6:116-118.

[146]王衡生.论创新教育与高校研究生创新能力培养——英国大学研究生培养模式的启示[J].高教探索,2003,1:34-37.

[147]孙崇文."协作式":研究生培养模式的创新[J].教育发展研究,2005,10:10-14.

[148]祁晓庆.我国研究生培养模式研究十年[J].中国高教研究,2006,9:16-19.

[149]程斯辉、詹健.研究生培养模式研究的新视野[J].清华大学教育研究,2006,5:83-88.

[150]陈少雄.综合运用层次分析法和模糊数学方法对我国研究生培养模式进行评价[J].高教探索,2005.3:91-93.

[151]张俞红、张潇冉.高等研究中心博士生培养模式创新与实践[J].科学学研究,2007,12,25:326-330.

[152]李晓娟、吴志功.法国博士生培养模式及其启示[J].中国高教研究 2007,11:41-43.

[153]李琴涛.中美高等教育学博士生培养模式比较研究[D].大连:大连理工大学,2007.

[154]李欣.香港博士生培养模式研究[D].上海:华东师范大学,2003.

[155]刘向平.专业化趋势下美国教师培养模式的变迁[D].济南:山东师范大学,2007.

[156]穆岚.教师培养模式的考察分析与我国的现实选择[J].黑龙江高教研究,2004,8:65-66.

[157]张斌贤.教师培养模式改革若干问题的思考[J].教育研究,2005,2:19-24.

[158]蒋亦华.本科层次中小学教师培养模式的主体建构[J].江苏高教,2008,4:63-66.

[159]刘和忠.高师院校教师培养模式改革探讨[J].中国高等教育,2004,13-14:36-38.

[160] Beneka, A. Malliou, P. Giannakopoulos, K. Kyrialanis, P. Godolias, G. Different Training Modes for the Rotator Cuff Muscle Group[J]. A Comparative Study. Isokinetics & Exercise Science, Vol. 10, Issue 2, 2002:73-80.

[161]Cowell, Charles; Hopkins, Pamela Clinton; Mc-Whorter, Rochell; Jorden, Debra L. Alternative Training Model[J]. Advances in Developing Human Resources, Vol. 8, Iss. 4, 2006, 9:460-476.

[162] Tambouratzis, Tatiana. Counter-clustering for Training Pattern Selection[J]. The Computer Journal, Vol. 43, No. 3, 2000:177-190.

[163] Latham, Gary; Latham, Soosan D; Whyte, Glen. Fostering Integrative Thinking: Adapting the Executive Education Model to the MBA Program[J]. Journal of Management Education. Thousand Oaks, Vol. 28, Iss. 1, 2004,2:3.

[164]Taylor, J. C. , White, V. J. Faculty Attitudes towards Teaching in the Distance Education Mode:An Ex-

ploratory Investigation[J]. Research in Distance Education, v3 n3,1991,7:7－11.

[165]曹登华.汽车检测与维修专业"1＋1＋1"人才培养模式的探讨[J].中国职业技术教育,2007,33:8－9.

[166]徐丽君.高职院校"零距离"人才培养模式再思考[J].职业时空,2007,21:5.

[167]李晓光.旅游专业"定单式"培养模式实践研究[J].中国成人教育,2007,23:98－99.

[168]辛长平、史志强、曹海潮."导师制"人才培养模式[J].企业管理,2006,6:59－60.

[169]林素琴、邵汉强."拜师学艺"创新"双师型"教师培养模式[J].中国职业技术教育,2007,29:26－27.

[170]刘健.高等院校体育专业"平台＋模块"人才培养模式的理论与实践研究[J].西安体育学院学报,2007,6:100－103.

[171]张先亮、陈玉兰、蔡伟.构建教育硕士"一点二线三面"培养模式——以浙江师范大学人文学院语文教育硕士培养为例[J].学位与研究生教育,2007,5:47－51.

[172]梁宏、原松海、武高辉.美国高校本科生培养模式及其发展趋势[J].黑龙江高教研究,2001,2:76－78.

[173]陈晋、肖东生.美国国际贸易人才培养模式初探[J].外国教育研究,2002,3:20－23.

[174]伍红林.21世纪初美国研究性大学本科教育人才培养模式展望[J].外国教育研究,2004,1:45－48.

[175]黄宝印、陈艳艳.美国第一职业学位的培养模式及特点[J].中国高等教育,2007,11:60－61.

[176]罗刚、李华.美国金融研究生的商学院培养模式及

其启示[J].学位与研究生教育,2006,9:73-76.

[177]应乐安.美国高等汽车工程人才培养模式及其启示[J].高等工程教育研究,2004,5:85-88.

[178]陈学飞.传统与创新:法、英、德、美博士生培养模式演变趋势的探讨[J].清华大学教育研究,2000,4:9-20.

[179]第4子课题组.美、日、德、俄、中五国理工大学人才培养模式及其比较研究[J].高等工程教育研究,1999,S1:38-44.

[180]翁惠根、曲士英.美、德、澳高职教育人才培养模式的建构[J].黑龙江高教研究,2007,9:47-49.

[181]伍红林.20世纪90年代后美日高等教育本科人才培养模式变革比较[J].江苏高教,2005,1:131-133.

[182]于海静.美德日澳高职产学合作及人才培养模式比较研究[J].职业技术教育,2006,2:76-78.

[183]李时雨、刘渝.中澳职业教育人才培养模式比较研究[J].教育与职业,2006,30:71-74.

[184]Clark,Burton R., The Higher Education System: Academic Organization in Cross-National Perspective[M]. University of California Press,1983:27.

[185]赵文华.高等教育系统论[M].桂林:广西师范大学出版社,2001:111.

[186]汪应洛.系统工程[M].北京:机械工业出版社,2003:5.

[187]Cowell, Charles; Hopkins, Pamela Clinton; McWhorter, Rochell; Jorden, Debra L. Alternative Training Model[J]. Advances in Developing Human Resources,2006,9:460-476.

[188]李炎芳、但昭彬.我国教育硕士专业学位师资队伍建设研究[J].教育研究,2002,12:65—69.

[189]张海英、汪航.我国工程硕士专业学位教育发展若干问题分析[J].清华大学教育研究,2007,10:63—68.

[190]张海英、韩晓燕、郑晓齐、雷庆.关于我国工程硕士培养现状的调查报告[J].高等工程教育研究,2006,3:15—20.

[191]吴广谋.系统原理与方法[M].南京:东南大学出版社,2005:3.

[192][英]迈克尔·C．杰克逊(Michael C. Jackson).系统思考——适于管理者的创造性整体论[M].北京:中国人民大学出版社,2005:8.

[193]王其藩.系统动力学(2009年修订版)[M].上海:上海财经大学出版社,2009:19.

[194]苗东升.系统科学大学讲稿[M].北京:中国人民大学出版社,2007,11:32.

[195]俞金康.系统动态学原理及其应用[M].北京:国防工业出版社,1993,8:11.

[196][美]彼得·圣吉.第五项修炼——学习型组织的艺术与实务(第2版)[M].上海:上海三联书店,1998:7.

[197][美]丹尼斯·舍伍德(Dennis Sherwood).系统思考(修订版)[M].北京:机械工业出版社,2008:13—15.

[198]Viswanadhan, K. G.. An Introduction to System Dynamics Approach for the Visualization and Analysis of Problems of Indian Engineering Education Sector[J]. South Asian Journal of Management, 2004, 7—9:74.

[199]K. Warren, P. Langley. The Effective Communi-

cation of System Dynamics to Improve Insight and Learning in Management Education[J]. Journal of the Operational Research Society,1999,50:396—404.

[200]陈其晖、张蕾、凌培亮、萧蕴诗.基于系统动力学的高校发展战略研究[J].系统仿真技术,2005,7:61—66.

[201]陈其晖、凌培亮、谢作斌、萧蕴诗.基于系统动力学的高校发展战略决策模型研究[J].计算机工程与应用,2007,43:195—198.

[202]黄永军.自组织管理原理——通往秩序与活力之路[M].北京:新华出版社,2006:7.

[203]张勇强.城市空间发展自组织与城市规划[M].南京:东南大学出版社,2006,5:18.

[204]胡皓,楼慧心.自组织理论与社会发展研究[M].上海:上海科技教育出版社,2002:9.

[205]Tsao-Lin Fong. Autopoiesis and Education-The Implication of Self-Organization-Theory for Pedagogy[J]. Journal of Education and Psychology,1994,9:263—282.

[206]Champagne, Marklyn P. RN; W., Leslie. Walker-Hirsch. Circles:A Self-Organization System for Teaching Appropriate Social/Sexual Behavior to Mentally Retarded/Developmentally Disabled Persons[J]. Sexuality and Disability,Fall 1982:172.

[207]Soskice,David W. Social Skill from Mass Higher Education:Rethinking the Company-Based Initial Training Paradigm[J]. Oxford Review of Economic Policy,1993,9:101—113.

[208]Clark,Burton R.. Substantive Growth and Inno-

vative Organization: New Categories for Higher Education Research[J]. Springer Netherlands,1996,12:417-430.

[209]李爱彬、周敏、张阳.高校学科建设系统的自组织研究[J].高教探索,2007,3:72-74.

[210]于海波、孟凡丽,论教学系统的自组织机制[J].教育科学,2002,5:39-41.

[211]李卫东.教学系统的自组织理论分析[J].延安大学学报(自然科学版),2005,4:64-66.

[212]蒲洁.高校创新人才培养模式初探[J].中国成人教育,2006,9:46-47.

[213]周泉兴.我军院校初级指挥军官培养模式研究[D].上海:华东师范大学,2005.

[214]徐和清、胡祖光.人才培养模式及其绩效的实证研究[J].高等工程教育研究,2007,5:72-77.

[215]瞿海东.创新能力与研究生培养模式[J].高等工程教育研究,2002,5:58-59.

[216]郑群.关于人才培养模式的概念与构成[J].河南师范大学学报(哲学社会科学版),2004,1:187-188.

[217]曾诚、张伟、向东、宛小燕.关于研究型大学人才培养模式的构建[J].教育评论,2002,4:56-58.

[218]萧琳.高等教育学专业研究生培养模式研究[D].长沙:湖南农业大学,2006.

[219][美]艾尔·巴比.社会研究方法(第11版)[M].北京:华夏出版社,2009:317.

[220]李怀祖.管理研究方法论(第2版)[M].西安:西安交通大学出版社,2004:159.

[221]Strauss, A. and Corbin, J.. Basic of Qualitative

Research: Techniques and Procedures for Developing Grounded Theory(2nd edition)[M]. Thousand Oaks: Sage Publications. 1998:3..

[222]贾良定、张君君、钱海燕、崔荣军、陈永霞.企业多元化的动机、时机和产业选择——西方理论和中国企业认识的异同研究[J].管理世界,2005,8:96.

[223]Krippendorff, Klaus. Reliability in Content Analysis Some Common Misconceptions and Recommendations [J]. Human Communication Research, Vol. 30 No. 3, 2004, 7:411—433.

[224] Lombard, Matthew; Snyder-Duch, Jennifer; Bracken, Cheryl Campanella. Content Analysis in Mass Communication: Assessment and Reporting of Intercoder Reliability[J]. Human Communication Research, Vol. 28 No. 4, 2002, 10:587—604.

[225]余红.新闻内容分析的信度和效度[J].华中科技大学学报(社会科学版),2004,4:107—110.

[226]侯光明.组织系统科学概论[M].北京:科学出版社,2006,10:116.

[227]薛天祥.高等教育学[M].桂林:广西师范大学出版社,2001:138.

[228]周远清.积极发展专业学位研究生教育,培养更多高层次应用型专门人才[J].学位与研究生教育,2001,5:1—5.

[229]翟亚军、王战军.我国专业学位教育主要问题辨识[J].学位与研究生教育,2006,5:23—27.

[230]比彻姆.课程理论[M].黄明皖译,北京:人民教育

出版社,1989:54－55.转引自谢安邦.比较高等教育[M].桂林:广西师范大学出版社,2002:159.

[231]谢安邦.比较高等教育[M].桂林:广西师范大学出版社,2002:159.

[232]怎样编写一个真正的哈佛案例[EB/OL].中国政府管理案例库,http://kyhz.nsa.gov.cn/xzxy－kygl/detail?model＝00000000000000005005 & documentid＝298,2013-8-8.

[233]田恩舜.高等教育质量保证模式研究[M].青岛:中国海洋大学出版社,2007:29.

[234].School of Engineering[EB/OL].麻省理工学院工程学院,http://web.mit.edu/engineering/,2010-3-10.

[235]Andrew Young School of Policy Studies[EB/OL].佐治亚州立大学安德鲁·杨政策研究学院,http://aysps.gsu.edu/1486.html,2010-3-11.

[236]评估文件[EB/OL].全国公共管理硕士(MPA)专业学位教育指导委员会网站,http://www.mpa.org.cn/news_tel.asp?id＝38,2010-3-11.

[237]西安交通大学医学院[EB/OL].http://mc.xjtu.edu.cn/old/yanjiusheng/lcyxzyxwbs.doc,2010-3-11.

[238]吴启迪.认清高等教育发展形势,努力提高教育教学质量——在2006年参评高校本科教学评估工作研讨班上的讲话[J].中国大学教学,2006,4:4－10.

[239]皮武.自组织理论对高校管理的意义[J].教育评论,2005:45－47.

[240]胡晧、楼慧心.自组织理论与社会发展研究[M].上海:上海科技教育出版社,2002:36.

[241]孙志海.自组织的社会进化理论:方法和模型[M].北京:中国社会科学出版社,2004:55.

[242]王战军.中国研究型大学建设与发展[M].北京:高等教育出版社 2003:28.

[243][德] H. 哈肯.协同学[M].上海:上海科学普及出版社,1988:29.

[244]沈小峰,吴彤.自组织的哲学——一种新的自然观和科学观[M].北京:中共中央党校出版社,1993:14.

[245]李彪,王杰.自组织理论在企业改革中的应用[J].系统辨证学报,2004(2):52-56.

[246]康翠萍.对学位类型界定的一种重新解读[J].学位与研究生教育,2005,5:22.

[247]薛天祥.中国学位与研究生教育的历史、现状和发展趋势[J].国家教育行政学院学报,2005,9:27-32.

[248]成长春.高校核心竞争力分析模型研究[D].南京:河海大学,2005.

[249]教育部关于做好全日制专业学位硕士研究生招生收费有关工作的通知(教财〔2009〕5 号)[EB/OL].教育部财务司,http://www.fashouunion.com/archiver/tid-90353.html,2010-9-12.

[250]Professional Education[EB/OL]. Harvard Graduate School of Education. http://www.gse.harvard.edu/profed/index.html,2007-11-5.

[251]The Wharton MBA: Quick Facts and Dates[EB/OL]. University of Pennsylvania. http://www.wharton.upenn.edu/mba/admissions/process/factsprocess.cfm,2007-12-20.

[252]School of Education. Programs and Degrees[EB/OL]. Stanford University. http://ed.stanford.edu/suse/programs-degrees/sse.html#Social,2007-11-18.

[253]教育部、国家发展改革委、财政部关于进一步规范高校教育收费管理若干问题的通知[EB/OL]. 教育部财政司. http://www.moe.edu.cn/edoas/website18/25/info21025.htm,2006-5-16.

[254]我国专业学位基本情况[EB/OL]. 中国学位与研究生教育信息网. http://www.cdgdc.edu.cn/xwyyjsjyxx/gjjl/szfa/267338.shtml,2013-5-27.

致　　谢

本书是在我的博士论文基础上修改而成的。博士学位论文的写作是一个艰辛的过程,所幸的是这样一个过程是我的导师张振刚教授引领我一步一步走过的。正是在张老师的严格要求下,本书才得以由粗糙走向比较细致,逐渐成为现在的样子。在我几年的博士生涯中,每一点小小的进步无不渗透着张老师的心血。张老师总是在松懈时给我警醒,在进步时给我鼓励,在迷惘时给我指引。从思维方式的训练,到生活中一点一滴的关怀,让我每每想起,都犹如一股暖流流淌在心间。在此,向张老师表达我最深挚的感谢和最由衷的敬意!张老师深厚的学术造诣、严谨的治学态度以及孜孜不倦的探索精神将永远是我努力的方向!

在我的论文撰写过程中,朱桂龙教授、张卫国教授、周永务教授、杨建梅教授、李荣钧教授、张启人教授和徐学军教授给予了很多指导和帮助。我有幸聆听了蓝海林教授、沙振权教授、龙志和教授、梁经锐教授所讲授的精彩课程,受益匪浅。高晓波老师、万江平老师、孙国忠老师、张建功老师同样曾给予我很大帮助。在此向他们表达深深的谢意!

感谢我们的班主任黄嫚丽老师以及学院的陈文玲老师、

王钰老师,感谢 2006 博士班的全体同学。袁晓婷博士、常静博士、常先英博士、欧变玲博士几年来与我同住一楼,在生活上给了我很多照顾,在学习上给了我诸多指点,大家建立了深厚的情谊;肖炜麟博士、欧瑞秋博士、樊奇博士、李伟铭博士总在我困惑的时候指点迷津;2006 博士班的其他同学,和我一起度过了一段美好的时光,他们是我学习的榜样和人生中的良师益友!

感谢我的师兄薛捷,他对师弟师妹永远那么热情,尤其给了我很多帮助和指点;师姐李敏在生活上和学习上都对我十分关心;师姐廖诺面对我的多次讨教,总是给予耐心和细致的回答。向他们表示深深的感谢!

感谢我的同门师弟师妹们。向敛锐、陈元与我共同讨论、分享心得,结下了深厚的情谊。林春培、刘源、田帅、赵振新作为内容分析部分的评判员帮我整理了大量数据资料,为本书的顺利完成作出了很大贡献。李柏勋、秦全德两位师弟也提供了有益的帮助。

感谢我的父母和爱人,几年来总是他们对我奉献得多,我对他们付出得少,他们给了我无数的支持和鼓励,为我营造了一个温暖的家,他们是我努力学习的动力。

最后,本书在写作过程中参考了许多专家和学者的学术成果,还有许多老师和朋友给过我很大帮助,在此一并向他们表示感谢!

廖文婕

2013 年 7 月